I0248747

www.ingramcontent.com/pod-product-compliance
Lightning Source LLC
Chambersburg PA
CBHW032300150426
43195CB00008BA/522
* 9 7 8 1 5 8 8 1 4 0 7 1 5 *

زندگانی من / احمد کسروی

زندگانی من

از کودکی تا سی سالگی

احمد کسروی

Ibex Publishers,
Bethesda, Maryland

زندگانی من: از کودکی تا سی سالگی نوشته احمد کسروی

My Life [zendegani-ye man] by Ahmad Kasravi

new material copyright © 2009 Ibex Publishers

ISBN–10: 1-58814-071-7
ISBN–13: 978-1-58814-071-5

All rights reserved. No part of this book may be reproduced or retransmitted in any manner whatsoever except in the form of a review, without permission from the publisher.

Manufactured in the United States of America

The paper used in this book meets the minimum requirements of the American National Standard for Information Services—Permanence of Paper for Printed Library Materials, ANSI Z39.48–1984

Ibex Publishers strives to create books which are as complete and free of errors as possible. Please help us with future editions by reporting any errors or suggestions for improvement to the address below, or corrections@ibexpub.com

Ibex Publishers, Inc.
Post Office Box 30087
Bethesda, Maryland 20824
Telephone: 301–718–8188
Facsimile: 301–907–8707
www.ibexpublishers.com

فهرست مندرجات

زندگانی من / احمد کسروی........ ۱
فهرست مندرجات........ ۴
به خوانندگان این کتاب........ ۹
خانواده ما........ ۱۱
مکتبی که من رفتم........ ۱۶
چند سخنی از پدرم........ ۲۰
همباز پدرم........ ۲۷
یک روز دشواری در زندگی من........ ۳۱
می‌بایست از درس دست بکشم........ ۳۴
بار دیگر بدرس پرداختم........ ۳۷
دوستانی که در مدرسه پیدا کردم........ ۴۰
دلبستگی که بمشروطه پیدا کردم........ ۴۲
چهار ماه خانه نشینی و بیکاری........ ۴۵
چگونه از دامهای منطق و اصول جستم........ ۴۸
بیماری سختی که گرفتار شدم........ ۵۲
چگونه مرا بمسجد بردند؟........ ۵۵
چگونه بدانشهای نوین راه یافتم؟........ ۵۸
چگونه از ملایی رها گردیدم؟........ ۶۱
دوستان آزادیخواه که پیدا کردم........ ۶۴
چه آزارهایی از ملایان میدیدم........ ۶۷
فشار زندگی که گرفتار میبودم........ ۷۱

- ۵ -

چگونه حداد از بهاییگری بازگشت	۷۴
چگونه بمدرسه آمریکاییها رفتم؟	۷۸
دسته بندی که در مدرسه رخ داد	۸۱
گفتگوهایی که با بهاییان میداشتم	۸۵
چگونه به قفقاز رفتم؟	۹۰
چگونه در تفلیس درنگ کردم؟	۹۴
بازگشت بتبریز	۹۸
چگونه بدموکراتها پیوستم؟	۱۰۱
خشکسالی و گرسنگی	۱۰۴
نمونه‌ای از رفتار ملایان	۱۰۸
آغاز رنجش با خیابانی	۱۱۲
چگونه بعدلیه رفتم؟	۱۱۷
چگونه رنجیدگی بدشمنی انجامید؟	۱۲۲
خیزش خیابانی و آزارهایی که بمن رسید	۱۲۶
چگونه از تبریز بیرون آمدم؟	۱۳۱
نخست بار که بتهران رسیدم	۱۳۵
باز گفتگو با بهاییان	۱۳۹
واژه‌های نوی که در این دفتر بکار رفته	۱۴۵

این کتاب را به آقایان شیشه‌گر
و آرین و دیگر یاران ارجمند
آبادان ارمغان میگردانم.
کسروی

به خوانندگان این کتاب

من هرگز دوست نداشته بودم که مردی شناخته گردم و نامم به زبانها افتد. ولی چون خواه و ناخواه افتاده، بسیار بجا می‌بود که تاریخ زندگانیم را خودم بنویسم که نیاز نباشد دیگران بپرسند و بجویند و چیزهایی از راست و دروغ بدست آورند.

از سویی دیگر کوششهایی که در این ده سال و بیشتر، باهماد ما آغاز کرده ناچار یکدسته را دوستان و هواخواهان، و یکدسته را دشمنان و بدخواهان من گردانیده و دیده میشود گاهی سخنی از زندگانی من به میان می‌آورند و هر دو از راستی‌ها دور می‌افتند.

در چند سال پیش یکی از روزنامه‌های مصر ستایشهایی از من کرده و دانشهای بسیاری را که من نمی‌دانم، بنامم نوشته. از جمله مرا داننده بیش از ده زبان شناسانیده بود در حالیکه چنان نیست و من جز چند زبان ترکی و فارسی و عربی و انگلیسی و ارمنی را نمی‌دانم و آنگاه دانش من «زبانشناسی» بوده نه زباندانی.

از آنسو بارها دیده شده دشمنان ما داستان بیرون آمدن مرا از عدلیه (که نتیجه رأی‌های آزادانه میبود که میدادم و یکبار نیز دربار را محکوم گردانیدم که کاسه بر سر آن شکست) دستاویزکرده‌اند و به داستان رنگهای نچسبنده شگفتی داده‌اند.

از هر باره بجا می‌بود که من تاریخچه زندگانی خود را بنویسم و آن را اکنون که هزاران کسان از زندگان گواه راستی‌اش می‌باشند بچاپ رسانیده بپراکنم.

این بود این کتاب را آغاز کردم و زندگانی خود را تا سی سالگی رسانیدم، ولی چون دوازده سال بودن من در عدلیه خود یک دوره برجسته‌ای می‌باشد و من می‌خواستم آن را گشاده تر و بهتر نوشته در آنمیان بدیهای عدلیه را نیز نشان دهم، از اینرو آنرا جداگانه گرفتم که در کتابی جداگانه بنام «ده سال در عدلیه» نوشته بچاپ رسانم.

کسروی، تهران ۱۳۲۳

به نام پاک آفریدگار جهان

خانواده ما

خانوادهٔ ما در تبریز خانواده ملایی بوده است. از نیایانم نامهای چند تن را می‌دانم. پدرم حاجی میرقاسم، پدر او میراحمد، پدر او میرمحمدتقی، پدر او میرمحمد بوده. میرمحمد و میرمحمدتقی و میراحمد هر سه عنوان ملایی و پیشوایی داشته‌اند. آقا میراحمد یکی از علمای نام آور می‌بوده که در هُکماوار و قَرا ملک و آن پیرامونها، مردم همه پیروی ازو می‌کرده‌اند. مسجدی در هکماور ساخته که هم اکنون برپاست و بنام او مسجد آقا میراحمد خوانده میشود. چنانکه شنیده‌ام او مرد بسیار فروتن و افتاده می‌بوده و با مردم مهربانی و غمخواری بسیار می‌نموده. هنگامیکه من بچه بودم با آنکه سی سال از زمان مرگ او گذشته بود، هنوز یاد او در میان مردم می‌بود و همیشه نام او را از زبانها می‌شنیدم و داستانها از مهربانی و غمخواری او با مردم گفته می‌شد. مرگ او در سال ۱۲۸۷ (قمری) بوده.

پس از مرگ او پسر بزرگترش میرمحمد حسین جای او را می‌گیرد. ولی برای درس به نجف میرود و سالها در آنجا درس می‌خواند و از شاگردان سید حسین کوکمری (مجتهد بنام آنزمان) که در کتابهای یادش هست، میبوده، و چون درس را به پایان رسانیده می‌خواهد به تبریز باز گردد، در همان روزها بدرود زندگی می‌گوید.

پسر کوچکترش که پدر من بوده، نخست زمانی درس خوانده و سپس در بازار به بازرگانی می‌پردازد و از ملایی دوری می‌گزیند. از اینرو «مسجد و محکمه موروثی» تهی می‌ماند. پدرم آرزومند می‌بود که فرزندی پیدا کند که جانشین پدرش گردد، و اینست هر پسری که زاییده میشود آنرا «میراحمد» مینامد و نامزد جانشینی می‌گرداند. ولی این پسرها یکی پس از دیگری در می‌گذشته و مایه دلتنگی خانواده می‌گردیده، من «میراحمد» چهارم بودم که چون روز چهارشنبه هشتم مهر هزار و دویست و

شصت و نه (۱۴ صفر ۱۳۰۸) زاییده شده‌ام، مرا نیز به آن جانشینی نامزد گردانیده و اینست با ارجمندی که کمتر فرزندی را تواند بود، بزرگم می‌گردانیده‌اند. عمه‌هایم مرا جانشین پدرشان دانسته رفتارِ بسیار پاسدارانه می‌کرده‌اند. مادرم مرا از رفتن به کوچه و درآمیختن به بچگان دیگر بلکه از پرداختن به بازی هم باز میداشته.

در آن زمانها پسری را که گرامی داشتندی برایش نذرها کردندی، از اینگونه: طوقی سیمین به گردنش انداختندی، در روزهای محرم رخت سفید (حسنی) یا رخت سیاه (حسینی) به تنش کردندی، شُله زرد یا حلوا بنام نذر او پخته به همسایگان و دیگران فرستادندی. مرا نیز از این نذرها بوده است.

از زمان بچگی تا شش سالگی جز تراشیدن سرم و رنجی که از آن راه میبردم چیزی به یاد نمی‌دارم. این سرتراشی در ایران تاریخچه‌ای داشته که به کوتاهی در اینجا یاد می‌کنم:

در زمان ساسانیان و در صده‌های نخست اسلام در ایران سر نمی‌تراشیده‌اند. سپس که پارسایان و صوفیان پیدا شده‌اند (راست یا دروغ) از جهان روگردانیده و از خوشیها و آرایشهای آن دوری میجسته‌اند. از جمله سرهای خود می‌تراشیده‌اند. این سر تراشیدن برای بد نما گردانیدن خودشان می‌بوده. ولی کم کم نشانهٔ پارسایی شمرده شده و به مردم خوشنما افتاده. کسی که می‌خواسته توبه کند و به پارسایی گراید، پیش از همه موهای سرخود میتراشیده. از اینجا ما در کتابها می‌بینیم چون می‌خواهند توبه کردن کسی را گویند، می‌نویسند: «سر تراشید» (بعربی: حلق رأسه، قص شعره.)

سپس این سرتراشی رواج یافته و همه کسانیکه دینداری و نیکوکاری می‌نموده‌اند، سرتراشیده‌اند. شگفتر آنکه این زمان صوفیان بازگشته و گیس فرو هشته‌اند.[1] آنروزی

---

[1] هِشتن ؛ هِلیدن = گذاشتن، رها کردن.

که مردم گیس میداشته‌اند، اینان سر میتراشیده‌اند و چون مردم سر تراشیده‌اند، اینان گیس داشته‌اند. دو رنگی با مردم را مایه خود نمایی و شناختگی دانسته‌اند.

در زمان ما در آذربایجان ملایان و سیدان و بازرگانان و بیشتر بازاریان و کشاورزان سر میتراشیدند و آنرا برای خود بایا[1] میشماردند. اگر کسی از اینان سر نتراشیدی همه به نکوهش برخاستندی و ملایان او را «فاسق» دانسته گواهیش را نپذیرفتندی. ولی سپاهیان و درباریان و بیشتر روستائیان و بسیاری از جوانان که به «مشدیگری» (لوتیگری) برخاستندی، جلو سر خود را تراشیده از پشت سر زلف میگزاردندی. بسیاری نیز زلفهای بیخ گوشی میگزاردندی که «پیچک» (برجک) نامیده شدی.

باری من چون از یک خاندان ملایی و سیدی می‌بودم از پنج سالگی سر مرا تراشیدند، و این کار چون رنج میداشت و هر روزی که سلمانی برای تراشیدن سرم آمدی به من دشوار بودی، از این رو در یادم مانده است.

در شش سالگی که پدرم به سفر رفته بود، من چون میدیدم کسانی از خویشان ما کتاب میخوانند و نامه‌هایی که از پدرم میرسد میخوانند، آرزو میکردم من نیز توانستمی، و چون مادرم میگفت: باید به مکتب بروی و درس بخوانی تا خواندن اینها توانی، خواستار شدم که مرا به مکتب گزارند. یکروز مرا به مکتب بردند. ولی چون تابستان می‌بود و من آنروز تشنگی کشیدم و آب برای خوردن نیافتم، و پس از نیمروز که آخوند خوابید دیدم شاگردان مگسها را میگیرند و پرهاشان میکنند و آزارشان می‌رسانند، از این کارها بدم آمد و از فردا دیگر نرفتم.

---

[1] بایا = وظیفه، واجب

مکتبی که من رفتم

در کویی که ما می‌نشستیم (هکماوار یا حکم آباد) چون انبوه مردمش بیسواد می‌بودند به سواد ارج ندادندی و مکتبی نیک در آنجا نمی‌بود. این مکتب که مرا سپردند آخوند آن که ملا بخشعلی نامیده شدی، تنها قرآن خواندن را یاد دادی. خود او سواد دیگری نمی‌داشت و از زبان فارسی جز اندکی نمی‌دانست، و چون دندانهایش افتاده بود گفته هایش با دشواری فهمیده شدی. خطش را هم جز خودش کسی خواندن نتوانستی. چیزی را که نیک توانستی و هنر او شمرده شدی، چوب زدن به دستها و پاهای بچگان بودی. مردم نیز بیش از همه، اینرا خواستندی و فَرهیخت (یا تربیت) بچه را جز در سایه چوب خوردن ندانستندی. چون پدران خود بیسواد بودندی جز ارج کمی به درس خواندن و باسواد شدن پسران نگزاردندی. بیشتر شاگردان شش یا هفت سال آمدندی و تنها قر آن را خواندندی. برخی نیز به کتابهای گلستان و جامع عباسی و نصاب و مانند اینها گذشتندی. ولی کمتر فهمیدندی و آخوند با دشواری درس دادن توانستی.

چگونگی مکتب‌ها و بدی آنها را در تاریخ مشروطه یاد کرده‌ام. در تبریز این بدترین همه آنها بود. با اینحال من از روزی که رفتم چون خواها[1] و آرزومند

---

[1] سه گونه کننده (اسم فاعل) از مصدر خواستن:

خواها = خواستن بسیار و همیشگی چیزی («ریشه + ا» برای کسیست که کاری را بسیار کند و یا توانای آن باشد).

خواهان = خواستن چیزی در همانزمان («ریشه + ان» برای کسیست که کاری را در هنگام کار دیگری کند).

خواهنده = کسیکه یکبار میخواهد («ریشه + نده» برای کسیست که کاری را یکبار کند)

برای آگاهی بیشتر در این زمینه، کتاب «نوشته‌های کسروی در زمینه زبان فارسی» بکوشش شادروان حسین یزدانیان ساتهای ۳۸۷ و ۵۰۹ دیده شود.

می‌بودم، هر درسی را تا نمی‌فهمیدم رها نمی‌کردم. این بود تند پیش می‌رفتم. الفبا را در یک هفته یاد گرفتم. گذشته از مکتب در خانه نیز خویشان به درس‌های من می‌پرداختند و یاوری می‌کردند. سپس به سوره‌های قرآن (جز و عم) پرداخته چون چند سوره را درس گرفتم، بازمانده را خودم میخواندم.

روزی به آخوند گفتم: من هر روزی دو بار درس گیرم، پذیرفت و چند روزی رفتار کرد. ولی یکروزی که هنگام رفتن به ناهار می‌خواستم درس پیش از نیمروز را پس بدهم، چون برای زنی «تمسک» (سند بیع به شرط) مینوشت و فرصت نمی‌داشت، با پرخاش گفت: «این بدعت را تنها تو گزاشته‌ای، روزی دو بار درس چه معنی دارد؟!» اینرا گفت و چوبی به دوشم زد. بار نخست بود که من تلخی ستم را می‌چشیدم. بسیار دلشکسته شدم. ولی به پدرم نگفته نهان داشتم.

این آخوند دربارۀ من خوشرفتاری مینمودی و پاس می‌داشتی لیکن در اینجا بدرفتاری ازو سر زد. با اینحال «جز و عم» را در سه یا چهار هفته به پایان رسانیدم. چون قرآن را به دستم دادند، از هرکجای آن خواندن میتوانستم و در زمان کمی تا «سوره یس» پیش رفتم.

در مکتب چون کسی قرآن یا کتابی را به پایان رسانیدی بایستی پول و شیرینی برای آخوند بیاورد و آنروز شاگردان آزاد گردند. من به آخوند گفتم بهتر است قرآن را در «یس» به پایان رسانم. نخست نپذیرفت و سپس خرسندی داد. من با پدرم نیز گفتگو کردم و روزی یک کله قند و دو زرع ماهوت و دو قران پول سفید وکمی شیرینی در یک سینی گزارده برای آخوند بردیم.

کسیکه قرآن را به پایان میرساندی، آخوند او را جلو خود نشاندی و او از سورۀ بقره آغاز خواندن کردی، و چون به آیه «ختم الله...» رسیدی، آخوند یک سیلی نوازش به روی او زدی و شاگردان نیز از پشت سر کتاب یا دوشکچه بسر او پرانیدند. با من نیز این رفتار را کردند.

پس از قر آن بایستی به کتابهای گلستان و جامع عباسی و نصاب و ترسل و ابواب الجنان و منشئات میرزا مهدیخان و تاریخ نادر و تاریخ معجم و تاریخ وصاف و این گونه کتابها پردازم. کتاب‌های درسی در مکتب اینها می‌بود. اینها که هیچ یکی برای درس خواندن بچگان نوشته نشده و برخی از آنها پر از واژه‌ها و جمله‌های عربی بسیار دشوار است، به دست بچگان می‌دادندی.

من که نه فارسی میدانستم نه عربی، کارم به این کتاب‌ها افتاده بود، و چون آخوند نیز فارسی نمی‌دانست می‌بایست این‌ها را در خانه از پدرم و یا از خویشانم یاد گیرم و من چون از روی خواهش وآرزو درس می‌خواندم این دشواریها را آسان می‌شمردم. چهار سال که در آن مکتب بسر می‌بردم این کتاب‌ها را خودم خواندم و پیش رفتم، و چون چند تنی از شاگردان با من همدرس می‌بودند آنان نیز پیش رفتند. می‌توان پند اشت که از آن مکتب تنها این چند تن باسواد درآمده‌اند.

پس از این کتاب‌ها نوبت «صرف میر» رسید. آخوند ما که فارسی نمی‌دانست عربی نیز ندانستی. ولی «صرف میر» را یاد گرفته بود. به من نیز بدانسان یاد داد:

«ضرب ضربا ضربوا ضربت ضربتا ضربن ضربت ضربتما ضربتم ضربت ضربتما ضربتن ضربت ضربنا» «ضرب در اصل الضرب بود. مصدر بود، ما خواستیم فعل ماضی بنا کنیم، الف ولام که علامت مصدر بود از اولش انداختیم. به عین الفعل او فتحه دادیم شد ضَرَبَ یعنی زد یک مرد غایب در زمان گذشته. ضربا، در اصل ضرب بود، مفرد مذکر ماضی بود، ما خواستیم تثنیه بنا کنیم الفی به آخرش افزودیم شد ضَرَبا یعنی زدند دو مرد غایب در زمان گذشته...» اینست نمونه‌ای از درس صرف عربی در آن زمان‌ها.

بجای آنکه بگویند: «الضرب» یعنی «زدن» است، اگر خواستیم بگوییم: «زد»، باید بگوییم: «ضرب» و اگر خواستیم بگوییم: «زدند» (در دو تن) باید بگوییم: «ضربا». آن افسانه دراز را یاد می‌دادند که شنونده یا شاگرد گیج گردیدی و ندانستی چه می‌گویند و چه می‌خواهند.

بایستی همه کارواژه‌های[1] عربی را که بیشتر از کارواژه‌های دیگر زبانهاست از این راه یاد گرفت و برای هر یکی از آنها افسانه‌ای به دل سپرد.

دو یا سه ماه نیز با این درس بسر می‌بردم که ناگهان مرگ پدرم رخ داد و خواه ناخواه از مکتب دور گردیدم.

---

[1] کارواژه = فعل (اصطلاح دستوری).

چند سخنی از پدرم

چنانکه نوشتم پدر من درس خوانده بود ولی ملایی نکرده به بازرگانی می‌پرداختی و با آنحال به پارسایی نیز می‌کوشیدی. شبهای زمستان پس از نیمه شب برخاسته تا دمیدن آفتاب با نماز و دعا و خواندن قرآن گذران یدی. در همان حال به دستگیری بینوایان و ناتوانان نیز بسیار کوشیدی. در آن کوی ما که از شهر، دور و مردمش کشاورزان و رنج کشانند و بسیاری از خاندان‌ها کمچیز باشند، به بسیاری از آنها پول دادی و برای بچه‌ها و زنهاشان کفش و رخت خریدی و آوردی. هر روز هنگام شام با یک دستمالی پر از کفش و رخت بخانه بازگشتی. در این باره رفتار او کم مانند داشته و من بیش از این نستوده در می‌گذرم.

کیش او شیعی می‌بود. ولی از بسیار چیزها دوری می‌جست. در آن زمان کینه سنی و شیعی بسیار سخت میبود. بویژه در آذربایجان که در سایه جنگ‌های ایران و عثمانی در زمان صفویان و کشتارها و تاراج هایی که شهرهای آذربایجان در آن پیشامدها دیده بودند، دلها پر ازکینه‌های سنیان می‌بود و از برخی، رفتار بسیار زشتی نیز سرزدی. مثلاً روز نهم ربیع الاولی را به گمان آنکه روز کشته شدن خلیفه دوم بوده جشن گرفتندی و به یکرشته کارهای خنک و سبکمغزانه برخاستندی. بیش از همه طلبه‌های مدرسه‌ها و ملایان، لگام گسیختگی کردندی. به نوشته مجلسی «تا سه روز خامه[1] برداشته می‌بود و گناهی ننوشتندی.» از آنسوی در تبریز لعنتچیان می‌بودند که کارشان گردیدن در بازار و نام‌های مردگان هزار ساله را بردن و نفرین فرستادن می‌بود، و از این راه نان خوردندی. این لعنتچیان بازماندگان «تبرائیان» زمان صفوی می‌بودند. در زمان صفوی که آتش کینه در میان شیعی و سنی فروزان می‌بود،

---

[1] خامه = قلم.

یکدسته از درویشان پیدا شده بودندکه جلو اسب امیران و وزیران افتادندی و نام خلیفگان سه گانه و دیگران را به زشتی بردندی.

اینگونه نادانیها را از ایران، جنبش مشروطه پاک کرده است، و اینست ایرانیان باید پاس آن جنبش را دارند.

بهر حال پدر من از این رفتار بیخردانه مردم بیزار میبود. بارها میگفتی: «قضیه شیخ عبیدالله نتیجه این کار زشت بود.» شیخ عبیدالله کرد در زمان ناصرالدین شاه برخاسته و به ساوجبلاغ و میاندوآب و ارومی تاخت آورده و کردان در دیهها[1] و آبادیها آنچه میتوانستند دریغ[2] نگفته بودند. پستانهای زنان را بریده بودند، و من در یاد میدارم که هنگامی که هفت یا هشت ساله میبودم، زنان بینوایی به دریوزه،[3] به در خانهها آمدندی و پستانهای بریده خود را نشان دادندی. این داستانست که پدرم یاد میکردی و میگفتی نتیجه کارهای زشت شیعیان بوده.

نیز پدرم به کربلا و مشهد نرفتی. یکبار به مشهد برای یک کار بازرگانی و یکبار به کربلا به آهنگ[4] دیدن برادرش و باز آوردن او رفته بود و بس.

در این باره نیز میگفتی: تا در میان خویشان و همسایگان کس نیازمندی هست به زیارت نباید رفت، در این باره به دیگران نیز پندها میدادی.

به مشهد یا کربلا رفتن در آن زمان یکی از گرفتاریهای ایرانیان میبود. در همان هکماوار که بیشتر مردمش برزگر و رنجبر میباشند، با صد سختی پول بدست میآوردندی و در خوراک و پوشاک بخود سختی دادندی و هر چند سال یکبار به کربلا یا مشهد رفتندی و پولها را از دست داده با کیسه تهی و دلی پر از شادی

---

[1] دیه = ده، روستا.

[2] دریغ = مضایقه.

[3] دریوزه = گدایی.

[4] آهنگ = قصد، اراده.

بازگشتندی، و شب‌های دراز زمستان را گرد هم نشسته هریکی از سفرهای خود میگفتی و بخود می‌بالیدی. بیچارگان با بیسوادی و نادانی ساخته، تنها دلخوشیشان این می‌بودی.

بارها شنیده بودم پدرم پندشان می‌دادی و چنین می‌گفتی: آن پول را به نیازمندان، خویشان و همسایگان دهید. ولی این سخن او کمتر نتیجه می‌داد. زیرا روضه خوانان و چاووشان[1] همه آخشیج[2] گفته‌های او راگفتندی. روضه خوان بالای منبر رفتی و چنین گفتی: فرشتگان به پیشواز زوار آیند و بال‌های خود را به زیر پای او گسترند، گرد رخت وکفش او را توتیای[3] چشم گردانند. هرکسی هرگناهی دارد چون به زیارت رفت، آمرزیده گردد. روز رستاخیز ایستادگی خواهند کرد و تا همگی زوار را به بهشت نرسانند خودشان گام در آن نخواهند گزاشت. از آنسوی چاووشان همین که پائیز شدی، یکروز می‌دیدی یکی سوار اسبی شده و نیزه بلندی با پرچم سبز یا سرخ بدست گرفته و دستار بزرگی بسر بسته و با یک آواز بلندی می‌خواند: «بر مشامم می‌رسد هر لحظه بوی کربلا.» در این هنگام می‌بود که دل‌های شیعیان به لرزه افتاده و چشمها پر از اشک و دل‌ها پر از آرزو گردیدی، و هرکسی توانستی پولی بدست آورد و راه افتد، دیگر نایستادی. چه بسا که کسانی فرشهای خانه خود را فروختندی و راه افتادندی. بارها رخ دادی که بقالی یا عطاری سرمایه خود را پول گردانیده و خانواده خود را بیسر و سامان گزارده روانه گردیدی و پس از سه ماهی

---

[1] چاووشان = رجز خوانان در جلوی کاروان‌های زیارتی کربلا.

[2] آخشیج = ضد، نقیض.

[3] توتیا = سرمه.

دست تهی بازگشته، بیکار و سرگردان ماندی و چشم بدست این و آن دوختی. با اینحال پیداست که گفته‌های پدرم نتیجه نتوانستی داد.[1]

نیز پدرم روضه نخوانانیدی.[2] من دوازده سال از زمان او را دریافتم[3] که شش سالش را نیک به یاد میدارم، در آن شش سال روضه خوانی بخانه ما پا نگزاشت. در اینجا نیز گفتی: بهتر است آن پول را به نیازمندان داد.

در آن زمان یکی از گرفتاریها در ایران کشاکش شیخی و کریمخانی و متشرع می‌بود. این کشاکش از زمان فتحعلیشاه برخاسته و در تبریز کار به خونریزی انجامیده و این زمان هر گروهی جدا از دیگر ان زیستندی و ملا و مسجد و کتابهاشان جدا می‌بود. شیخی با متشرع یا کریمخانی آمد و رفت نکردی. دختر به آنان ندادی. تا توانستی کینه و دشمنی نشاندادی. پدرم در این باره هم رفتار دیگری میداشت. زیرا با آنکه از گروه متشرعان بلکه پیشوای آنان می‌بود، با شیخیان و کریمخانیان مهربانی کردی و به همگی آنان سلام دادی و حال پرسیدی. یکی از خوشبختی‌های پدرم داشتن دوستان پاکدل و نیک نهاد[4] می‌بود. ده بیست تن دوستانی می‌داشت که به پدرم دلبستگی بی‌اندازه نشان دادندی و او را «آقا» خوانده پاس بسیار داشتندی. پدرم به آنها «داداش» گفتی و رفتار برادرانه کردی. این دوستانِ پدرم و رفتارشان خود داستان جداییست، و در اینجا خواستم آنست که چند تنی از آن دوستانش از شیخیان می‌بودند.

---

[1] درباره گرفتاریهای شیعیان و زیانهای کیش شیعی کتاب «شیعیگری» یا «بخوانند و داوری کنند» دیده شود.

[2] خوانانیدن = شکل گذرای (متعدی) کارواژه (فعل) خواندن.

[3] دریافتن = درک کردن.

[4] نیک نهاد = نیک سرشت، نجیب.

یکی از آنان حاجی جواد دیزجی می‌بودکه همچون پدرم فرش فروشی کردی و تا ده سال پیش در تبریز زنده می‌بود و تبریزیان او را می‌شناسند. دیگری حاجی زین العابدین دیزجی می‌بود که در باتوم بازرگانی میداشتی و هر چند سال یکبار به تبریز می‌آمدی و خود یکی از شیخیان بسیار کینه انباز[1] می‌بود و با اینحال با پدرم برادری می‌داشت.

چند بار اینرا از پدرم شنیده بودم: «این اختلاف را بمیان ما دیگران انداخته‌اند.» پدرم مرد ساده‌ای میبود و از سیاست بیگانگان کمترین آگاهی نمی‌داشت. با آنحال در این باره این سخن را گفتی. آن سالیکه آقا میرزا علی ثقه الاسلام (آنکه روسیان بدارش زدند) بجای پدرش نشسته بود، یکشب رمضانی در نزد پدرم گفته شد کسانی از شیخیان پیش او رفته «مناسک حج» خواسته‌اند، و او گفته است: «به همان مناسک علمای نجف عمل کنید، من نیز درس از آنها خوانده‌ام». از این سخن پدرم شادمان گردیده و به ثقه الاسلام دعا گفت.

با اینحال شنیدنیست که پدرم ناچار شد در یک کشاکش شیخی و متشرع پا به میان گزاردکه می‌توانم گفت که همیشه افسوس آن پیشامد را خوردی. چگونگی آنکه در هکماوار سردسته شیخیان حاجی محمود نام، پیرمرد ریش سفیدی می‌بود و او را خواهرزادگانی بنام جلیل و عباس و یوسف می‌بودند. این یوسف همانست که در تاریخ مشروطه نیز دیده می‌شود و صمدخان او را «دوشقه» گردانیده و داستانش را براون و دیگران نوشته‌اند.

این یوسف در آنروزها تازه سر برآورده به لوتیگری آغاز کرده و چون جوان بی‌باک و دلیری می‌بود، در اندک زمانی نام یافته بود. پدرم با حاجی محمود واین خواهرزادگانش نیز مهربانی کردی و به همه ایشان، پیش سلام شدی. در آن روزها این یوسف در سر راه هکماوار که به بازار می‌روند، جلو زنی را گرفته بود. متشرعان

---

[1] کینه انباز = کینه توز.

اینرا بهانه گرفته به دسته بندی پرداخته و شامگاهان که پدرم همراه حاجی میر محسن آقا از بازار باز می‌گشت، جلوی او را گرفته به دادخواهی پرداختند، و فردا بخانه ما ریخته با زور پدرم را جلو انداخته با خود به عالی قاپو بردند که از ولیعهد (محمد علی میرزا) داد خواهند. از آنسو شیخیان دسته بدسته بخانه ثقه الاسلام رفتند، و چون ثقه الاسلام پا به میان گزاشت، از اینسو نیز حاجی میرزا حسن مجتهد به همچشمی او، هواداری از متشرعان کرد. این داستان به درازی افتاد و از تهران تلگراف‌ها رسید و سرانجام دو سه ماه کشاکش، یوسف را که در زندان می‌بود به اردبیل فرستاده در «نارین قلعه» که جایگاه گناهکاران سخت می‌بود، بند کردند. این پیشامد تخم دشمنی را میانه خاندان ما با حاجی محمود و یوسف کاشت که نتیجه‌اش گزند بسیاری در زمان مشروطه گردید.

پدرم با آنکه خود از ملایی رو گردانیده بود و همیشه می‌گفت: «نان ملایی نان شرکست، آدم باید به دلخواه مردم رفتار کند تا به او پول دهند» با اینحال به ملایان دستگیری و پشتیبانی دریغ نگفتی. یک ملایی در آنزمان بنام ملا محمد فاضل تازه پیدا شده بود. پدرم به پشتیبانی او برخاست و یک شبی مهمانی بزرگی برپا گردانیده از توانگران کوی، پولی گرد آورد و برای او خانه خرید. می‌گفت: «باید به این ملایان پولی رسانید که نیازمند نباشند و از گفتنِ (حق) باک ندارند.» با این رفتار پارسایانه و فروتنانه، پدرم در میان مردم جایگاه والایی می‌داشتی و با حاجی میر محسن آقا که دو تن در همه کارها همدست می‌بودند، به بیشتر کارهای مردم رسیدگی کردندی. بیشتر کسانیکه دادخواهی خواستندی، بنزد پدرم آمدندی و هر روز چند کاری از اینگونه رخ دادی.

در آن زمان در ایران عدلیه‌ای نمی‌بود، نگهداری ایمنی را در هر شهری به بیگلر بیگی سپردندی و او به هر کویی یک کدخدا گماردی، و هر کدخدایی یک فراشباشی و یکدسته فراشان داشتی. این فراشان پولی از دولت نگرفتندی و می‌بایست روزی خود را از پیچیدگی به مردم در آورند.

فراشباشی هکماوار محمد قلی نام، مرد با فهمی میبود و او بجای آنکه از مردم با زور پولی بگیرد، دکان نانوایی کوی را به اجاره گرفته بود و راه می‌برد و از آن راه سود بسیاری می‌جست. ولی فراشها که بیشترشان مردان خانه دار و نیازمندی می‌بودند، ناچار به مردم آزار رسانیدندی و به هرکس نامی بسته پول خواستندی. این بود مردم به پدرم پناهیدندی و پدرم به جلوگیری کوشیدی.

نیک بیاد می‌دارم یکروزی تازه آفتاب دمیده بود که فراشباشی بدیدن پدرم آمده، و چون نشست و چای خورد و قلیان برایش آوردند، چنین آغاز سخن کرد: «آقا خودتان می‌دانید که من نیازی به پول گرفتن از کسی نمی‌دارم. ولی این فراشان زندگیشان باید از مردم گذرد. از سوی دیگر ما همینکه می‌خواهیم به دنبال کسی فرستیم که بیاورند و بکارش رسیدگی کنند و دهیک و نیم دهیک بگیرند، می‌بینیم آمده به آقا پناهنده شده. احترام آقا به ما واجب است. ولی فراش‌ها گرسنه می‌مانند.» پدرم پاسخ داد: «گفته شما راست است. من خواستم تنها آنست که به مردم بیدادگری نشود و پس از این درباره هرکسی که پیامی فرستادی، خودم پولی برای فراش‌ها خواهم فرستاد.»

یکبار دیدم پدرم چنین می‌گفت: «ما می‌گوییم پولیکه این فراشها می‌گیرند حرام است. پس اینها از کجا بخورند؟... اگر اینها نباشند مردم بجان یکدیگر افتند...» این را گفت و به یک خاموشی ژرفی فرو رفت. پدرم کسی نمی‌بود که از گفته‌های مجتهدان به کنار رود و یا ازکیش شیعی دلسردی نماید. لیکن در همان حال چون به مردم مهربانی و دلسوزی می‌داشت، درباره آن کیش به یک دشواری برخورده بود و جستجوی پاسخ می‌کرد.

پدرم اندامی باریک، بالایی میانه، ریش کوسج، رُخساره گندمی می‌داشت. از او پیکره نمانده ولی هر زمان چشمم به پیکره سید جمال الدین واعظ اسپهانی (واعظ مشروطه) افتد پدرم را به یاد آورم. در رخساره بسیار مانند هم میبوده‌اند. تنها چشم‌های پدرم درشت تر و دستاری که بسر میگذاشت کوچکتر می‌بود.

همباز پدرم

یکی از داستان‌های پدرم رفتار او با حاجی میر محسن آقا بود. اینمرد که آن زمان مشهدی میر محسن نامیده میشد، نوه عمه پدرم و شوهرخواهر او می‌بود. پدرش آقا میر رضا به روضه خوانی می‌پرداخت. ولی این را پدرم از آغاز جوانیش با خود به بازار برده به داد و ستد در بازرگانی واداشته و با خود همباز[1] گردانیده بود که گذشته از داد و ستد در بازار، یک کارخانه بزرگ قالی بافی در همان هکماور برپا گردانیده بودند، و چون گذشته از خویشاوندی و همبازی، همسایه نیز می‌بودند، بامدادان با هم به بازار رفته شامگاهان با هم بازگشتندی.

حاجی میر محسن آقا، بالای[2] بلند و روی سفید و کشیده‌ای میداشتی و رخت‌های پاکیزه و شیک پوشیدی، و به آخشیج[3] پدرم که بسیار تند و ناشکیبا می‌بود، او خونسردی و شکیب بسیار داشته و دور اندیش می‌بود. با آنکه با پدرم جدایی‌ها می‌داشتند زیرا او بارها به کربلا یا به مشهد رفتی و روضه خوانی برپا گرداندی با یکدیگر بسیار پاسدار انه راه رفتندی. پدرم با آنکه در سال بزرگتر می‌بود، به دور اندیشی و کاردانی او ارج گزارده در بیشتر کارهای او اندیشه او را پرسیدی و بکار بستی. او نیز همچون برادر کوچکتری به پدرم پاس گزاردی.

این دو تن با یکدیگر بیست سال کما بیش راه رفته کمترین رنجشی از خود نش ان نداده بودند. تنها کاری که میان ایشان رخ داد این بود که در کارخانه قالی بافی؛ او، برادر کوچکتر خود، و پدرم یکی از خویشان خود را به راهبری گمارده بودند، و

---

[1] همباز = شریک.

[2] بالا = قامت.

[3] به آخشیج = بر خلاف.

این دو تن چون با هم راه نمی‌رفتند، پدرم با حاجی میر محسن آقا بهتر دانستند که کارخانه را دو تا گردانند و هریکی کارخانه جدایی دارد.

درباره فرشبافی آنچه در تاریخ‌ها خوانده‌ام، این هنر در ایران از زمان‌های باستان رواج می‌داشته. می‌بینیم در زمان هخامنشیان سخن از قالیهای خوب ایران و گلهای قشنگ آنها می‌رود. ثمیستوکلیس سردار بنام یونانی چون به ایران آمده به دربار هخامنشی پناهیده و در اینجا یک پذیرایی تاریخی دید، می‌بینیم در داستان او می‌نویسند که پادشاه هخامنشی به او گفته هرچه درباره یونان و کارهای آنجا می‌داند و می‌اندیشد بگوید، و ثمیستوکلیس پاسخ داده: «سخن آدمی به فرشهای زیبای ایرانی می‌ماند. فرشهای زیبای ایرانی را چون باز کنی و بگسترانی، نگاره‌های (نقش‌های) قشنگ آن همگی نمایان است، ولی تاکنی یا پیچانی، آن پیکره‌ها پدیدار نباشد». خواستش این بوده که او را مهلت دهند که اندیشه براه اندازد و سخنان خود را بسامان[1] گرداند.

همچنین در داستان منتصر پسر متوکل می‌خوانیم که چون پدرش را کشت و خود بجای او نشست، روزی در کاخ چشمش به یک قالی افتاد که نگاره‌های (نقش‌های) پادشاهان ساسانی را می‌داشت و در آنجا درباره هرمز که او نیز پدرش را کشته بود نوشته می‌شد: بیش از شش ماه نزیست، و این مایه دلتنگی او گردید.

از اینگونه تکه‌ها در تاریخ فراوانست و می‌رساند که در زمان‌های باستان در ایران، قالیهای خوب بافته و در آن گل‌ها و نگاره‌ها می‌انداخته‌اند ولی پیداست که هر زمان حال دیگری می‌داشته و به آسانی می‌توان پذیرفت اینگونه فرشبافی پر رنج در زمان ساسانی شناخته نبوده است.

---

[1] بسامان = منظم.

در پنجاه سال پیش از اینکه ما گفتگو از آن می‌داریم، همچون امروز کانون قالیبافی کرمان شمرده می‌شد. لیکن در آذربایجان نیز رواج بسیار می‌داشت. من نیک به یاد می‌دارم که چند کارخانه بزرگی برپا می‌بود.

در آنروزها بیش از همه قالی‌های بسیار بزرگ ابریشمی بافته می‌شد و گاهی بازار آن چندان گرم بودی که بازرگانانی به کارخانه‌ها رفتندی و فرش‌های نیمه بافته را خریده پولش را از پیش دادندی و چون یک قالی به پایان رسیدی و برای بردن آن آمدندی، به استاد آن قالی و همچنین به استاد کارخانه پاداش هایی دادندی و آنروز درِ کارخانه را بسته شاگردان را آزاد گردانیدندی.

بدینسان فرشبافی یکی از کارهای بسیار پر سود بشمار رفتی. از آنسوی در هکماوار، یک نیمِ مردم؛ برزگر و یک نیمِ دیگر؛ کارگر روزمزدی می‌بودند (وکنون هم می‌باشند) و این کارگران چون بیمار شدندی و یا مُردندی خانواده هایشان بینوا وگرسنه ماندندی و در این هنگام‌ها کارخانه قالیبافی یک گشایشی در کار آن‌ها بودی، زیرا بچه‌ها را از ده سالگی به بالا به کار فرستادندی. کارخانه ما بیش از همه برای پذیرفتن اینگونه مستمندان میبود و پدرم سفارشها درباره آنها کردی.

در کارخانه ما به شاگردان ناهار نیز داده شدی و پدرم سپرده بود که روزهای تابستان دو یا یک ساعت پیش از فرو رفتن آفتاب آزادشان گردانند که به گردش یا به بازی پردازند.

با اینحال پدرم از حال بدبختی شاگردان همیشه اندوه خوردی. دو سه بار شنیده بودم که با دوستان خود به گفتگو پرداخته می‌گو ید: «من این کارخانه را برای این بچه‌های بی‌پدر باز کرده‌ام. پنجاه و شصت خانواده از اینجا نان می‌خورند. ولی این بچه‌ها بیسواد می‌مانند و چون بزرگ شوند کار دیگری نخواهند توانست». یکروز دیدم می‌گفت: «دلم می‌خواهد یک ملایی از شهر بیاورم که هر روز دو ساعت درس به این شاگردان دهد که اینها بیسواد نمانند...» سپس دیدم چنین گفت: «بدی این کار اینجاست که در این کوی به درس و سواد ارج نمی‌گزارند. توانگران بچه‌های

خود را به مکتب نمی‌فرستند، چیزیکه یاد گرفته‌اند پول گرد آوردن و به کربلا رفتن است.....» باری در سال ۱۲۸۱ (۱۳۲۰ قمری) حاجی میرمحسن آقا به کربلا رفت و پدرم تنها ماند و ما بارها می‌دیدیم به اندیشه فرو رفته بسیار اندوهناک است، چون راز خود را بیرون ندادی ما به چیزی پی نمی‌بردیم. ولی سپس که مرگ پدرم رخ داد، دانستیم چگونگی این بوده که در اروپا در نتیجه چه پیشآمدی که نمی‌دانم بازار فرش بسته بوده و فرشهایی که پدرم با دیگران به استانبول میفرستاده‌اند از یک سال باز[1] در آنجا مانده به فروش نمی‌رفته، و در نتیجه این زیان بسیار بزرگی به پدرم رسیده، سرمایه او را از میان برده. اندوه پدرم از این راه می‌بوده.

در همان روزها به یک دلدردی نیز گرفتار گردیدکه هر چند یک بار رخدادی. با این ناتوانی دست از کار و کوشش نکشیده همچنان روزانه به بازار رفتی. بارها دوستانش خواهش می‌کردند که به آسایش پردازد، پاسخ داده می‌گفت: «پس کارهایم که کند؟!.» گفته شد یک خرِ سواری (خر شامی) بخرد و سواره برود و بیاید. این را پذیرفت و سپرد یکی برایش بخرند ولی مرگ به هیچ کاری فرصتی نداد.

شب سه شنبه یازدهم دی ماه (۵ شوال) بهنگامی که از بازار باز میگشته، در نیمه راه دلدرد با سختی بسیار می‌گیرد، چنانکه از راه رفتن باز می‌ماند، در آن هنگام فراش‌ها می‌رسند و او را برداشته بخانه می‌رسانند. ما نشسته بودیم که آوردند، و چون در آن کوی پزشکی نمی‌بود (و اکنون هم نیست) شبانه دسترسی به درمان نبود و فردا پیش از نیمه روز درگذشت، و چون از سختی درد سخن نمی‌توانسته گفت، تنها این جمله را در آخرین ساعت گفته است: «پسر من میر احمد درس بخواند. باید همیشه یک عالمی در خانواده ما باشد. ولی نان ملایی نخورد. نان ملایی شرکست». اینها را با سختی گفته و در جوانی چشم از جهان پوشیده است.

---

[1] باز = به اینطرف (از یک سال باز: از یک سال پیش به اینطرف).

یک روز دشواری در زندگی من

من در زندگی کمتر زمانی بی‌اندوه بوده‌ام، با اینحال کمتر گریه کرده‌ام. اکنون سال من از پنجاه می‌گذرد، ولی اگر گریه هایم را بشمارم گریه هایی که از روی اندوه خودم گریسته‌ام بیش از چهار یا پنج بار نبوده. یکی از این گریه‌ها بلکه سخت ترین همه آنها در روز مرگ پدرم بوده. آنروز من چون از خواب برخاستم حال پدرم اندکی آرامش یافته و به خواب رفته بود، و من چون گمان دیگری نمی‌بردم روانه مکتب گردیدم. لیکن روز به نیمه نرسیده بود که آمدند و گفتند: «آقا شما را می‌خواهد.» با خودم گفتم: باشد که می‌خواهند مرا پی پزشک یا درمان فرستند. ولی چون به جلوی مسجد نیایم (مسجد میر احمد) رسیدم، ازآنجا آواز گریه و شیونی به گوشم خورد و در میان آنها آواز خواهر بزرگم را شنیدم. من دلم به تکان آمد ولی گفتند: «آمده‌اند به مسجد شفای آقا را میخواهند». بدینسان آرامم گردانیدند، ولی چون به درخانه مان نزدیک می‌شدم دیدم مردم درآنجا انبوه شده‌اند و در همان هنگام دیدم جنازه‌ای را بیرون آوردند.

دانستم چه رخ داده ولی ندانستم که بچه حالی افتادم. همین اندازه به یاد میدارم که اندک برفی از آسمان می‌بارید و بادی نیز می‌وزید. جنازه را می‌بردند و من چنان میگریستم که از خود به در میبودم پیرامونیان خود را نمی‌شناختم. یک تن میر حاجی نام که اکنون در تبریز است بازوی مرا گرفته از افتادنم باز میداشت و پیاپی دلداری می‌داد.

نمی‌دانم آنروز چگونه گذشت. شب در مسجد بزرگ هکماوار «شام غریبان» گرفتند. مسجد پر شد و جای پا گزاردن نمی‌بود. حاجی ملا احمد نامی که روضه خوان بزرگ آن کوی‌ها می‌بود، به منبر رفت و چنین آغاز سخن کرد:

«منتظرید من برای شما از مصیبت‌های کربلا بگویم؟!. امشب اینجا کربلاست. و من وقتی که به مسجد وارد شدم و آواز گریه پسر این مرحوم به گوشم رسید چنان از خودم به در شده‌ام که حال روضه خواندن ندارم. همه آوازها بهم انداخته گریه خواهیم کرد.» این را گفت و بی‌اختیار به گریه پرداخت و از سراسر مسجد شیون بلند گردید و پیداست که در این میان مرا چه حالی بوده.

آنشب نیز گذشت. یکی از دوستان پدرم حاجی گلی نام می‌بود که در نزدیکی ما عمارت بزرگ و باشکوهی می‌داشت. فردا در آنجا ختم آغاز کردند. در آنزمان چون در تبریز برای مردگان یک روز و نیم ختم گزاردندی که ملایانی «عشر» خواندندی و مردم دسته دسته آمدندی و فاتحه یا قرآن خوانده رفتندی، و اگر مرده جوان می‌بوده گاهی نیز عشرخوانان بجای «عشر» روضه خواندندی. ولی درباره پدرم هیچکدام از اینها نبود و نیازی به روضه خوانان نیفتاد. زیرا هرکدام از دوستان پدرم که شنیده بود و می‌رسید با گر یه و شیون به درون در می‌آمد و دیگران آواز به آواز او می‌انداختند، چون اندکی می‌گذشت ناگهان همان حاجی گلی که یکمرد سترگ[1] اندام و تناوری می‌بود، بپا برمی خاست و بی‌اختیار فریاد می‌زد: «آهای حاجی میر قاسم هارداسان؟» این را میگفت و بسر و روی خود میکوفت و همه را به گریه می‌انداخت. سپس که اندکی می‌گذشت آقا میر رضا (پدر حاجی میر محسن آقا) با آن ریش دراز انبوه و عمامه سترگ خود برمی خاست و فریاد بر می‌داشت: «وای جوان بالا...» بدینسان یک روز و نیم با سوگواری گذشت. سپس پس از چند هفته که حاجی میر محسن آقا از سفر باز می‌گشت یک دور سوگواری در آنزمان رخ داد. سپس نیز برخی از دوستان پدرم که در سفر می‌بودند، هرکدام که بازمیگشت نخست با همراهان و پیشوازیان به در خانه ما می‌آمدند و سوگواری‌ها کرده سپس بخانه خود می‌رفتند.

---

[1] سترگ = جسیم، آنچه از تنه و کالبد بزرگ باشد.

اینها را می‌نویسم تا اندازه دلبستگی که میانه پدرم با دوستانش بوده دانسته گردد. پس از درگذشتن پدرم بسیاری از خویشان مادری از ما دوری گزیدند. اینها کسانی می‌بودندکه هر دو سال و سه سال یکبار به کربلا رفتندی و روضه خوانی‌ها کردندی. پدرم به هریکی پشتیبانی‌ها و نیکی‌های بسیار کرده بود. با اینحال در این هنگام با ما رفتار بدی آغاز کردند و کار بجایی رسید که مادرم بیکبار[1] از ایشان بُرید، لیکن این دوستان پدرم همچنان با ما مهربانی می‌نمودند و هر زمان که یکی مرا در کوچه دیدی ایستادی و حال پرسیدی و یاد پدرم کردی و دلداری دادی. آن حاجی گلی چون همسایه ما می‌بود بارها فرستادی، مرا بنزد خود خواندی و همین که چشمش به من افتادی اشک ریختی و چنین گفتی: «من هم بزودی بنزد او خواهم رفت،» راستی هم دو سال بیشتر نگذشت که او نیز مُرد و چنین «وصیت» کرده بود که زیر پای پدرم به خاکش سپارند.

_____

[1] بیکبار؛ بیکباره = بکلی، یکدفعه.

می‌بایست از درس دست بکشم

پس از مرگ پدرم می‌بایست از درس دست بکشم. زیرا تا آنجا که در درس رسیده بودم دیگر در هکماوار آموزگاری نمی‌داشتم و می‌بایست هر روز به شهر روم و بازگردم و این با سالِ من که تازه به سیزده رسیده بودم نساختی. از این گذشته مرگ پدرم مرا افسرده گردانیده و چون دانسته بودم که چیزی جز همان خانه که می‌نشینیم برای ما باز نخو اهد ماند، با خود می‌گفتم: مرا امروز آن باید که پی کاری روم و بسیج[1] زندگانی برای مادر و برادران و خواهرانم کنم. از اینهم گذشته کارخانه قالیبافی که می‌داشتیم و راهبرش یکی از خویشان پدرم میبود، در این هنگام او نیز پی خوشگذرانی را گرفته به کارخانه نمی‌پرداخت، و این بود من داوطلب شدم خودم کارخانه را راه برم. زیرا در آن چند سال که به مکتب می‌رفتم، پس از بازگشت بخانه پی بازی یا بجای دیگر نرفته در کارخانه به یاد گرفتن کارهای آنجا پرداختمی، و از اینرو از چگونگی بافتن و نقشه گفتن و رنگ آمیختن و اینگونه چیزها نیک آگاه می‌بودم. در کارخانه هم شاگردان بزرگی که به من یاوری کنند می‌بودند.

این بود با حاجی میرمحسن آقا گفتگو کردم و چنین نهادیم که چندی به آن کار پردازم تا قالی‌های بزرگ نیم بافته که می‌داشتیم پایان پذیرد، که پس از آن کارخانه را برچینیم و به همین دستور رفتار کردیم.

هشت یا نه ماه در این کار بسر می‌بردم تا کارخانه را برچیدیم، چون پافشاری می‌نمودم که به کاری پردازم این بار حاجی میرمحسن آقا مرا به کارخانه خودشان برد. راهبر آنجا برادرش می‌بود. ولی بیشتر کارها را من بدست گرفتم. پس از یکسال هم او به سفر رفت و من به تنهایی آنجا را راه می‌بردم، چون آموخته تر شده بودم

---

[1] بسیج = تدارک.

حاجی میرمحسن آقا خشنودی می‌نمود. من نیز خرسند می‌بودم. زیرا کار و کوشش را دوست می‌داشتم.

سه سال کمتر بدینسان گذشت، و در این میان بود که در سال ۱۲۸۳ (۱۳۲۲) وبایی در ایران پیدا شده به همه شهرها رسید، در تبریز نیز کشتار بسیار کرد.

من پیش از آن وبا را شنیده ولی ندیده بودم، و چون گفته میشد وبا می‌آید و مردم ترس بسیار می‌نمودند، من اندوه آنرا داشتم که مرده فراوان خواهد بود و من باید به این ختم و آن ختم بروم. پس از مرگ پدرم یکی از کارهایی که به گردنم افتاده بود عمامه بسر گزاردن و عبا به دوش انداختن و به بز مهای شادی یا سوگواری رفتن می‌بود که به من دشوار می‌افتاد. در این هنگام نیز اندوه آنرا می‌داشتم، و چون این اندوه خود را به مادرم باز نمودم،[1] با لبخندی گفت: «غم نخور در وبا برای کسی ختم نگزارند.» باری وبا آمد و مردم به شیوه آن زمان از کوچه‌ها قرآن آویزان گردانیدند که هرکه از زیر آن گذرد در زینهار باشد و در دربندها و سرکوچه‌ها فرش گسترده روضه خوانی‌ها برپا گردانیدند. یکروز هم یکی از نوه‌های آقا میرفتاح را سوار خر گردانیده به آن کوی آوردند و در کوچه‌ها گردانید ند که مردان و زنان دستش و دامنش را بوسند.

آقا میرفتاح که در داستان درآمدن[2] روسها به آذربایجان در سال ۱۲۴۳ (قمری) بجلو مردم افتاده و آنان را به پیشواز روسها برده بود و بدینسان نام او در کتابها مانده، خانه‌اش در تبریز «اجاق»[3] می‌بود که مردم نذرها کردندی و ارمغان‌ها بردندی،

---

[1] باز نمودن = بیان کردن.

[2] درآمدن = وارد شدن.

[3] منظور از «اجاق» دودمان هایی هستند که دارنده آتش میبوده‌اند و نسل به نسل آن آتش را روشن نگه داشته و دیگران از آن آتش برای روشن کردن اجاق خود می‌برده‌اند و این از زمان زردشتیگری به یادگار مانده.

و در وبا و دیگر پیشامدها دست به دامن بازماندگان او یازیده شدی.[1] در سال ۱۲۸۴ (قمری) که باز وبا در تبریز می‌بوده مردم باز رو به آن «اجاق» آورده و یکی از پسرهای آقای میرفتاح را در کویها گردانیده بودند، و او چون خود وبا گرفته و مرده بود، مردم گفته بودند: «آقا بلا را به تن خودش پذیرفت،» به باورشان درباره آن خاندان افزوده بود.

بهر حال وبا کار خود را می‌کرد و روزانه چند صد تن را می‌کشت تا کم کم از سختی کاست و از میان رفت. می‌توان گفت: آخرین وبای بزرگ در ایران می‌بود. پیش از آن یک بار در سال ۱۳۱۰ (قمری) که من در آن زمان سه ساله می‌بوده‌ام پدیدار گردیده و بسیار سخت می‌بوده. پیش از آن هم در سال ۱۲۸۴ می‌بوده که یادش کردم. یکی از سودهای دانشهای اروپایی آنست که جلو وباهای بزرگ را گرفته است.

---

[1] دست یازیدن = دست دراز کردن.

بار دیگر بدرس پرداختم

در آن سه سال و کمتر که من بکار پرداختم همیشه گفتگو از درس نخواندن من در میان می‌بود. دوستان پدرم و برخی از خویشان و بسیاری از مردم همیشه درس نخواندن مرا ایراد می‌گرفتند. روزی حاجی میر محسن آقا مرا پیش خود خواند و چنین گفت: «مردم در کوچه و میدان جلو مرا می‌گیرندکه چرا پسر آقا را نمی‌فرستید درس بخواند. شما باید بروید درس بخوانید.» گفتم: پس از درس خواندن باید به ملایی پردازم، و من گذشته از «وصیت» پدرم خودم از ملایی بیزارم. آنگاه در این کوی به ملایان سخت می‌گذرد. ملا محمد فاضل ملای این کویست و از گرسنگی همیشه در ناله وگله است. گفت: «ملایی شما جز از داستان ملا محمد فاضل یا دیگران خواهد بود. ما خود خاندان بزرگی هستیم و از نخست مردم چشمشان به این خاندان باز شده است.» با این گفته‌ها مرا ناچار گردانید که بار دیگر به درس پردازم. در آنزمان مدرسه‌های بزرگی در شهرهای ایران ساخته شده بود که کسانیکه خواستندی درس ملایی خوانند، به آنجاها رفتندی. ولی من چون سالم کم می‌بود حاجی میر محسن آقا نگذاشت به آن مدرسه‌ها روم و باز مرا به مکتب برد. در مدرسه طالبیه ملا حسن نامی مکتب می‌داشت که چون خود او با سواد و درس خوانده می‌بود، شاگردان بزرگی در آنجا عربی خواندندی و من چون به آنجا رفتم یکدسته تا «النموذج» پیش رفته بودند.

در آنزمانها بیش از همه به یاد گرفتن زبان عربی (یا بهتر گویم: به یاد گرفتن صرف و نحو آن) ارج بسیار گزارده شدی و سرچشمه دانشها شمرده گردیدی. صرف میر، تصریف، (در صرف)، عوامل جرجانی، النموذج، صمدیه، سیوطی (شرح سیوطی بالفیه ابن مالک)، جامی (شرح جامی بکافیه)، مغنی اللبیب (در نحو) کتابهایی می‌بود که یکی پس از دیگری درس خوانده شدی و ملایی بیش از همه اینها بودی.

من بار دیگر از صرف میر آغاز کردم و یک داستان شیرین این بود که در همان روزها ملا حسن به مکه رفت و ما را به دیگری سپرد و تا چهار ماه دیگر که او بازگشت، من صرف میر و تصریف و عوامل را خوانده و به «النموذج» رسیده بودم که با دیگران همدرس شدم. حاجی ملا حسن در شگفت شده چند بار پرسید: «چه زود به النموذج رسیدید؟!..» شیوه او در درس دادن این میبود که کتاب یکی از شاگردان را گرفتی و در میان درس گفتن «اعراب» (زیر و زبر و پیش) به روی کلمه‌ها گذاشتی، و این را کردی تا شاگردان کلمه را به غلط نخوانند.

من یکروز به کتاب خود «اعراب» گزاردم، و چون بهنگام درس دادن او خواست کتابی را بگیرد، من کتاب خود را پیش داشتم. پرسید: «این اعراب‌ها را که گزارده است؟». گفتم: «من خودم گزارده‌ام.» گفت: «پس شما اینجاها را خوانده بودید؟!.» گفتم: «نخوانده بودم.» گفت: «پس چگونه می‌توانید (اعراب) گزارید؟!.» گفتم: «من (عوامل) را که خوانده‌ام از روی آن می‌دانم که هرکلمه‌ای را چگونه باید خواند.» گفت: «چطور؟!. پس شما هرچه می‌خوانید می‌فهمید؟!...» من دیگر پاسخی ندادم. ولی می‌دیدم از آنروز رفتارش با من بد شد. روزی هم بدخطی را بهانه گرفته چوبی به دستم زد. من در مکتب ملا بخشعلی درس خوانده ولی به خط نپرداخته بودم. مشق که با خامه‌های[1] ستبر[2] بایستی نوشت من نمی‌توانستم. به آن بهانه چوبی به من زد که بسیار افسرده گردیدم، و دیری نگذشت که برخی بدرفتاری‌های دیگری رخ داد، و من از مکتب پا کشیدم، که چند گاهی در مدرسه صادقیه در حجره یکی از طلبه‌ها به درس می‌پرداختم ولی در آنجا نیز بدرفتاری‌ها می‌دیدم.

این را باید بنویسم که طلبه‌ها هریکی ده سال وبیست سال، بلکه بیشتر در مدرسه ماندندی و مثلاً تا «النموذج» که من در چهار یا پنج ماه رسیده بودم آنان در دو سال

---

[1] خامه = قلم.

[2] ستبر = کلفت، بزرگ.

رسیدندی، و این بود که درس خواندن من با آن تندی به بسیاری از ایشان گران می‌افتاد و بارها ریشخند می‌کردند، چندان که ماندن نتوانستم، و این بود به مدرسه طالبیه رفتم.

طالبیه بزرگترین مدرسه تبریز شمرده می‌شد ولی در خودِ مدرسه طلبه هایی که از روستاها یا از شهرهای دیگر آمده بودند جا می‌گرفتند. یکدسته نیز طلبه‌های ایروانی می‌بودند که چون از بستگان روس شمرده می‌شدند اختیار مدرسه را در دست می‌داشتند. این مدرسه‌ها داستانهایی داشته‌اند که اینجا جای نوشتن نیست. این طلبه‌ها «حامیان شریعت» می‌بودندی که اگر کسی را مست یافتندی به مدرسه کشیده بسیار زدندی. اگر جوانی به زنی نگاه کرده یا دست یازیده و یک طلبه او را دیده بودی، همین بس بودی که طلبه‌ها بیرون ریزند و او را بگیرند و تا می‌توانند بزنند. گاهی نیز در میان این مدرسه با آن مدرسه پیکار درگرفتی. طلبه‌ها دگنگ‌ها را برداشته بهم تاختندی و بسرهای یکدیگر کوفتندی. از اینرو کسانی که از خود شهر به مدرسه رفتندی با این طلبه‌ها در نیامیخته در مسجدهای بزرگی که در خود مدرسه و در آن نزدیکی هاست، هریکی پشت ستونی یا گوشه‌ای را گرفته درس خواندندی یا گفتندی.

روزهای نخست که من رفته بودم از اینکه در هر گوشه‌ای یک «حوزه درس» برپاست لذت میبردم و به بیشتر آنها نزدیک شده گوش می‌دادم، و در همانجا بود که نخست بار شادروان خیابانی را دیدم و شناختم. او نیز در مسجد «خاله اغلی» حوزه درس می‌داشت و از «هیئت بطلمیوسی» و از کتاب «تشریح الافلاک» درس میگفت. یاد دارم روز نخست که دیدم از «جوزهره» سخن میراند وآن را روشن می‌گردانید.

دوستانی که در مدرسه پیدا کردم

در مدرسه طالبیه یک دوست نیکی پیدا کردم. جوانی می‌بود با رخت بازرگانان، با چشم و ابروی سیاه و دماغ کشیده بنام شیخ حسن حداد. همان روزهای نخست با وی دوست گردیدم و در میانه مهر بسیاری پدیدآمد. خانواده حداد در تبریز بنام است و کسان هنرمند و بازرگان می‌باشند. شیخ حسن از برادران جد اگردیده در مدرسه به درس پرداخته بود، و چون با من دوستی یافت روزها با هم در مسجد نشسته از این کتاب و از آن کتاب به گفتگو (به گفته طلبه‌ها: به مباحثه) می‌پرداختیمی. ناهار را با هم خورده با هم از مدرسه بیرون آمدیمی.

دوستی این جوان که در سال هم بزرگتر می‌بود برای من از هر باره بجا افتاد. پس از سی و اند سال هنوز لذت آن روزها از یاد من نرفته. حداد از برادرانش ماهانه گرفتی. بارها رخدادی که ماهانه را که گرفته بودی آوردی و بجلو من گزاردی که «هرچه لازم داری بر دار»، و من نیز هر زمان پول می‌داشتم همان رفتار را میکردم. بارها رخدادی که هنگام غروب که بازگشتیمی، او راه خود را دور گردانیده تا نزدیکیهای کوی ما آمدی و فردا نیز من به همان کار برخاستمی. پس از زمانی دو جوان ستوده دیگری به ما پیوست: یکی آقا میرمهدی که از یک خاندان بازرگانی می‌بود و با دستور پدرش به درس می‌پرداخت. دیگری آقا میرجواد که از یک خاندان کمچیز ولی آبرومندی می‌بود.

چهار تن با هم دوستی و برادری پیداکرده با هم می‌نشستیمی و از کتاب‌ها به گفتگو برخاستیمی. گاهی نیز بلند پروازی نموده به کتابهایی که هنوز نمی‌بایست پردازیم، می‌پرداختیمی. مثلًا قصیده سید حمیری را که در کتاب‌های شیعی بسیار شناخته است و جداگانه نیز با شرحی بچاپ رسیده به گفتگو گزاردیمی:

لام عمر و با للوی مربع طامسه اعلامه بلقع

با آنکه تازه به عربی پرداخته و بسیار زود می‌بود که این شعرها را بفهمیم. همچنین «تبصره علامه» که در فقه است با هم خواندیمی. در حالیکه هنوز به فقه نپرداخته آگاهی کمی نیز از آن نمی‌داشتیم.

روزهای خوشی را بسر می‌بردیم. در اندک زمانی این باهماد[1] چهار تنی ما شناخته گردید و هوش و فهم و کوشش ما به زبان‌ها افتاد. طلبه‌ها برخی با دیده رشک می‌نگریستند و نگاه‌های خشم آلود می‌کر دند. برخی خشنودی نموده زبان به آفرین می‌گشادند.

کسانیکه دیده‌اند می‌دانند طلبه‌ها چون به گفتگو نشستندی کم رخدادی که با هم نَچَخَند[2] و آواز بلند نکنند و همدیگر را نرنجانند، و بسیار رخدادی که برسر گفته‌های سیبویه و اخفش کتاب بسر هم کوبند. ولی در میان ما هیچگاه چَخِش[3] نرفتی. هرگز آوازی برنخاستی. دو سخنی‌ها[4] همه با خوشرویی و لبخند پایان یافتی. شادروان حداد کسی می‌بود که به روی سخن خود ایستادگی نمودی و تا توانستی شکست بخود راه ندادی. با اینحال هیچگاه کار را به رنجش نرسانیدی. در جاییکه درماندی با شوخیها از آن بیرون آمدی.

گاهی با هم به گردش رفتیمی. باغی می‌بود بنام «باغ میرزا یوسف آقا» که گردشگاه می‌بود. ما کتاب‌ها را برداشته و به آنجا رفته در میان سبزه‌ها و گل‌ها به گفتگو پرداختیمی، نکته سنجی‌ها کردیمی، جمله‌های عربی از درست و نادرست ساختیمی.

---

[1] باهماد = جمعیت، حزب.

[2] چخیدن = مجادله کردن.

[3] چخش (بر وزن جهش) = مجادله.

[4] دو سخنی = اختلاف.

دلبستگی که بمشروطه پیدا کردم

این در سال ۱۲۸۵ (۱۳۲۴ قمری) می‌بود و در همان سال در ایران جنبش مشروطه برخاست. روزی که در تبریز جنبش آغازیده مردم بازارها را بسته رو به کنسولگری انگلیس و مسجد صمصام خان آورده بودند.

آنروز یا فردایش، من چون از هکماوار می‌آمدم در ویجویه نام «مشروطه» شنیدم. نخست بار بود که به گوشم می‌خورد و پیداست که معنایش نمی‌دانستم. چون مردم دسته بدسته به کنسولگری می‌رفتند، من نیز پیروی نمودم در آنجا کسانی را دیدم که به مردم گفتار می‌رانند و مشروطه را معنی می‌کنند: «باید قانونی باشد که مردم از روی آن زندگی کنند. پادشاه بسر خود نباشد. مجلسی برپا گردد که کارها را با سْکالش[1] به انجام رسانند...». اینها می‌بود معنایی که به مشروطه می‌دادند. من اینها را پسندیدم و به مشروطه دل بستم. از نویدهایی که درباره پیشرفت توده و آینده روشن کشور داده می‌شد بسیار شادمان گردیدم. چون آن جوش و جنب مردم را می‌دیدم از شادی گردن می‌کشیدم و می‌بالیدم و خدا را سپاس می‌گزاردم.

از آنهنگام هر روز در باهماد ما سخن از مشروطه رفتی. حداد چون عموهایش (شیخ سلیمان و حاجی محمد بالا) از هواداران پافشار مشروطه می‌بودند و در خاندان ایشان مشروطه خواهی ریشه دوانیده بود هواداری بسیار نمودی. من با او بارها به انجمن رفتیمی، و هر کجا که انبوهی بودی یا شور وخروش برخاستی به تماشا ایستادیمی.

چنانکه در تاریخ مشروطه نوشته‌ام چند ماهی از آغاز جنبش نگذشت که ملایان دشمنی آغاز کردند و دو تیرگی در میان مردم پدید آمد که یکدسته نیکخواه مشروطه

---

[1] سکالش (بر وزن گشایش) = مشورت.

و یکدسته بدخواه آن شدند. این دو تیرگی در باهماد ما نیز هنایید.[1] چه حداد و من خواهای[2] مشروطه می‌بودیم. ولی آن دو تن خواهایش نمی‌بودند. با اینحال باهمش[3] ما بهم نخورد و دوستیمان سستی نپذیرفت. هر زمان که گفتگو به میان آمدی پاسدارانه و دوستانه پایان یافتی. آقا میرمهدی داستان‌های شیرین از رفتار خام مجاهدان یاد می‌کردی و متلک‌ها می‌گفتی. حداد نیز از پاسخ باز نماندی.

در این میان مرا یک گرفتاری رخ داد. چگونگی آنکه ملایی در هکماوار که از یک خاندان بی‌چیزی برخاسته و تازه به ملایی پرداخته بود، داماد حاجی میر محسن آقا (قیم ما) گردید و او خانه‌ای برایش خرید و محکمه و مسجد نیای مرا به او واگزاشت. آنگاه مرا ناچار گردانید که از وی درس گیرم. من در آغاز روز درسی از کتاب صمدیه (و سپس از شرح الفیه سیوطی) ازو می‌گرفتمی و پس از این درس می‌بود که به طالبیه می‌رفتمی. لیکن این ملا درس خواندن مرا نمی‌خواست و با من کینه می‌ورزید. از این رو بدزبانی‌ها می‌کردی و بهانه‌ها جسته تلخ می‌گفتی. از رفتار او بسیار دلشکسته می‌بودم و نمی‌دانستم چه کنم.

چنانکه در تاریخ مشروطه نوشته‌ام حاجی میر محسن آقا و دیگر مردان خانواده ما بدخواه مشروطه می‌بودند و این ملا که در پی آزار من می‌بود به آنان می‌گفت: «این مشروطه چی شده، روزنامه هم می‌خواند. می‌ترسم مذهبش خراب شود.» می‌گفت: «به درس هم نمی‌کوشد و همیشه به انجمن می‌رود.» این گفته‌ها نتیجه‌اش آن بود که مرا از رفتن به انجمن و از خواندن روزنامه بازداشتند. سپس چون چند ماهی گذشت و من دیگر به تلخ زبانی‌های آن ملا تاب نیاورده از درس گرفتن از او سر باز زدم،

---

[1] هَنایيدن = اثر کردن.

[2] خواها = خواستن برای همیشه.

[3] باهمش = با هم بودن، اتحاد.

حاجی میر محسن آقا رنجیده رفتارش را با من دیگر گردانید آن ملا نیز فرصت یافته به دشمنیهای بسیاری برخاست.

اینها در آن کمسالی گرفتاری برایم بود. لیکن پروایی[1] ننموده همچنان به درس می‌پرداختم و با دوستان سه گانه کوشش را دنبال می‌کردم. بدینسان دو سال کما بیش در مدرسه طالبیه بسر بردم و کتاب‌های صمدیه و سیوطی و شرح جامی و مغنی اللبیب و مطول و معالم و شرح لمعه را درس خواندم. از این کتاب‌ها تنها صمدیه و سیوطی را با درس تا به پایان رسانیدم. از آن دیگرها از هریکی اندکی با درس خوانده بازمانده را خود فهمیدم.

---

[1] پروا = توجه، اعتنا.

چهار ماه خانه نشینی و بیکاری

در سال ۱۲۸۷ (۱۳۲۶ قمری) که محمد علی میرزا در تهران مجلس را به توپ بست و در تبریز حاجی میرزا حسن مجتهد با دیگران بکار برخاستند و در دوچی در انجمن اسلامیه گرد آمده آماده جنگ شدند و از این سوی مجاهدان و آزادیخواهان به ایستادگی برخاسته بسیج[1] افراز کردند، این پیشامد باهماد چهارتنی ما را نیز بهم زد.

تا چند روزی که هنوز خونریزی آغاز نیافته و در میانه آمد و رفت می‌بود، من با حداد به انجمن و دیگر جاها می‌رفتیم و به تماشا می‌ایستادیم. روزی هم بدیدن اسلامیه رفتیم که داستا نش را در تاریخ مشروطه یاد کرده‌ام. ملایان در اطاق بزرگی نشسته پیاپی مشروطه را می‌نکوهیدند. یکی از ایشان آیه می‌خواند. دیگری حدیث یاد می‌کرد. سومی خوابی که دیده بود باز می‌گفت. چهارمی سوگند یاد می‌کرد که مشروطه خواهان بابیند[2] و آرزویی جز آشکار گردانیدن کیش خود نمی‌دارند. سپس از قرآن «استخاره» گرفتند و این آیه درآمد: «أُذِنَ لِلَّذِينَ يُقَاتَلُونَ بِأَنَّهُمْ ظُلِمُوا ۚ وَإِنَّ اللَّهَ عَلَىٰ نَصْرِهِمْ لَقَدِيرٌ»[3] از این آیه بسیار خوشنود گردیدند و بخود مژده پیروزی می‌دادند.

چون از اسلامیه باز می‌گشتیم در میان راه لوتیان دوچی و دیگر تفنگچیان را در سر راهها و در سنگرها آماده جنگ یافتیم و همان روز رشته گسیخته گردیده خونریزی آغاز یافت که تا چهار ماه کما بیش برپا می‌بود، و با شکست ملایان و دوچیان پایان پذیرفت و اسلامیه از میان برخاست.

---

[1] بسیج = تدارک.

[2] در زمینه بابیگری و بهاییگری کتاب «بهاییگری» نوشته شادروان کسروی دیده شود.

[3] پاره (سوره) الحج شماره ۲۲ قرآن نشانه (آیه) ۳۹. پارسی سخن: «دستور جهاد داده شد آنانرا که کفار با ایشان جنگ میکنند بُشوند آنکه ایشان ستمدیده گردیدند و هرآینه خدا بر یاری دادن آنان تواناست».

در این چهار ماه من ناچار بودم در خانه نشینم و با خواندن کتاب هایی (که کم می‌داشتم) روز گزارم. یک چیزی که مایه دل آزردگی می‌شد این می‌بود که چنانکه نوشته‌ام مردان خانواده ما بدخواه مشروطه می‌بودند. مردم کوی نیز بیشتر همین حال را می‌داشتند. اینان گرد می‌آمدندی و بسخن می‌پرداختندی و همه بد مشرو طه را می‌گفتندی و هر روز دروغ‌های بسیاری درباره شکست آزادیخواهان در آن کوی پراکنده گردیدی. من از کمسالی که هفده ساله می‌بودم بسخنی نپرداختمی و سهش‌های[1] خود را پنهان داشتمی.

چون کار مشروطه خواهان پس از بدی رو به نیکی گزارده و در سایه مردانگیهای ستارخان و دیگران روزبروز مشروطه خواهی به نیرو می‌افزود، این آگاهی‌ها که به من رسیدی بسیار خشنود گردانیدی. نیک به یاد می‌دارم که از شنیدن نام‌های ستارخان و حسین باغبان و دیگران دلخوشی بسیار می‌یافتمی.

یکی از روزهایی که هنوز پس از سی و هفت سال یاد آن در دل من زنده است روز پر آشوب آدینه شهریور ۱۲۸۷ (۱۳۲۶) می‌باشد. در این روز از هر سو به شهر هجوم می‌شد و از سوی غرب که ما می‌بودیم سپاه ماکو تاخت می‌آورد. چگونگی را در تاریخ مشروطه (بخش سوم) نوشته‌ام. آنچه در اینجا باید بنویسم سرگذشتیست که خود مرا بوده: در آغاز روز که جنگ تازه آغاز شده بود، در میدان هکماوار ایستاده حال هراسناکی مردم را تماشا می‌کردم. در این کوی هنوز سنگر بسته نشده و امروز در اینجا جنگی در میان نمی‌بود. ولی توپ‌های سپاه ماکو که بالا سر گاومیشاوان می‌ترکید؛ آوایش چنان در همه جا می‌پیچید که مردم می‌پنداشتند کردان نزدیک شده‌اند و اینک فرا می‌رسند. این بود گروه انبوهی که حاجی میر محسن آقا پیشرو آن ان می‌بود فراهم[2] شدند و چنین خواستند که از راه باغ‌ها پیش روند وخود

---

[1] سهش (بر وزن جهش) = احساس درونی.

[2] فراهمیدن = اجتماع کردن.

را به کردان رسانند و از برای کوی زینهار خواهند، ومرا نیز با خود گردانیده راه افتادند. هایهوی شگفتی می‌بود. ولی چون به باغها رسیدیم چندی نرفته بودیم که نایب یوسف با تفنگچیان خود که آگاهی یافته بودند از پشت سر رسیدند و ناگهان به شلیک پرداختند. به آوازِ شلیک مردم پراکنده شدند و هر چند تنی به سویی گریختند. حاجی میر محسن آقا با من که در جلو می‌بودیم، تنها مانده از راه دیگری به کوی بازگشتیم.

پیشامدهای جنگی را در تاریخ مشروطه (بخش سوم) نوشته‌ام. این پیشامدها با آنکه با ترس و بیم بلکه با هراس توأم می‌بودی، من از تماشای آنها لذت می‌بردمی. اینرا هم نوشته‌ام که روزهایی که با کوی قَرا ملک جنگ می‌رفت و مجاهدان از هکماوار گذشته می‌رفتند، در یکی از آنروزها من ایستاده بودم و به تماشا می‌پرداختم. حسین باغبان با دسته خود آمد وگذشت. مرا از چهره مردانه او و از آن گامهای استواری که برمی داشت خوش دلی بسیار رخ داد. به یاد می‌دارم یکی از مجاهدانش چنین گفت: «خان: شما همه‌اش نه فشنگ در کمر می‌دارید!» و او با یک سنگینی پاسخ داد: «مگر من بیش از نه تن خواهم کشت؟!» پس از وی اسدآقا خان آن جوانِ دلیر، به روی اسب سفیدی گذشت که از همان هنگام مهری ازو در دل من نشست.

پس از بهم خوردن اسلامیه که شهر ایمنی یافت و بازارها باز شد، من نیز دوباره درس را دنبال کردم. این بار باهماد چهار تنی ما بهم خورده بود. زیرا حداد از مدرسه پا کشیده به درس فیزیک و دانشهای نوین پرداخت و پس از چندی به بهاییان پیوسته در همه شهر شناخته گردید. آقا میر جواد در یکی از دبستانها به آموزگاری پرداخت و سپس به کربلا رفته در راه مُرد. تنها من و آقا میر مهدی ماندیم.

چگونه از دامهای منطق و اصول جستم

چنانکه در گفته‌های گذشته باز نمودم، درسهای ملایی که در مدرسه‌های کهن خواندندی به چند رشته بودی: یکی صرف و نحو عربی و معانی و بیان و بدیع برای دانستن زبان عربی. دیگری منطق که از یادگارهای یونان باستانست. دیگری اصول. دیگر فقه. دیگر حکمت (فلسفه.)

از این پنج رشته دانستن زبان عربی و یاد گرفتن فقه سودمند می‌بود، و از رنجها نتیجه‌ای بدست توانستی آمد. ولی منطق و اصول و حکمت جز بافندگیهای بیهوده‌ای نمی‌بود و بجای سود جز زیان نتوانستی داد.

منطق را یونانیان بنیاد گزارده‌اند و چنین می‌گویند که راه «دلیل آوردن» را به هر کسی یاد دهد. ولی «دلیل آوردن» نچیزیست[1] که آدمی نیاز به یاد گرفتن آن از دیگری دارد. هرکسی با نیروهای ساده خدادادی خود راه آن را داند. مردم عامی در گفتگوهای خود پیاپی دلیل آورند بی‌آنکه منطق خوانده باشند. مثلا مردی میخواهد از بزاز پارچه‌ای بخرد، بزاز به شاگرد خود می‌گوید: «به این آقا پارچه بهتری بده، همسایه ماست.» در این جمله کوتاه، دلیل یاد گردیده و لغزش نیز رخ نداده.

بلکه اگر راستی را بخواهیم کسانیکه به منطق می‌پردازند و دیرگاهی آنرا دنبال می‌کنند، دریافتهای ساده شان از میان رفته راه دلیل آوردن راست و درست را گم می‌کنند.

اما اصول، داستان آن شگفتر است. زیر اصول در نخست یکرشته قاعده هایی می‌بوده که در آغاز فقه یاد داده می‌شده، از «استصحاب» و «اصل برائت» و مانند اینها، و اینها چیزهاییست که در دو یا سه درس توان آموخت. ولی رفته

---

[1] نچیزیست = چیزی نیست.

چیزهای دیگری به آنها افزوده و آن گاه راه بافندگی را پیش گرفته کار را بجایی رسانیده‌اند که می‌بایستی ده سال و بیست سال درس اصول خواند.

مثلاً یکی از جُستارهاشان[1] بدین عنوانست: «آیا مقدمه واجب واجبست؟.» خودشان مثل زده چنین می‌گویند: «آقایی به غلامش فرموده برو بالای بام. رفتن بالای بام واجبست و جای سخن نیست. ولی آیا نردبان گزاردن که مقدمه آنست نیز واجبست؟.»

چنانکه می‌بینید این گفتار بسیار بیهوده است. کسیکه بالای بام خواهد رفت ناچار است که نردبان گزارد و جای گفتگو هم نمی‌باشد. اینست برخی آمده چنین گفته‌اند: «مقصود آنست که مقدمه آیا اصالتًا واجبست یا من باب المقدمه واجب می‌باشد؟....» پیداست که این نیز بیهوده است و جز به کار بافندگی نتواند خورد.

همین جُستار بیهوده را هفته‌ها بلکه ماهها درس گفتندی و در پیرامونش چخش‌ها[2] کردندی. من بارها شنیده بودم یکی از ملایان نجف این جُستار را شش ماه درس گفته است.

این اصول نیز گذشته از آنکه چیزی به دانسته‌های آدمی (یا بهتر گویم: به دریافته‌های او) نیفزاید نیروهای ساده‌اش را نیز از کار اندازد و کسی که ده سال و بیست سال با این بافندگیهای پا در هوا بسر برد، ناچاریست که مغز او فرسوده گردد و فهم و خردش بیکاره شود. از حکمت یا فلسفه در جاهای دیگری سخن رانده نیک نشانداده ایم که سراپا پندار بافیست.

از سخن خود دور نیفتیم: منطق و اصول و حکمت دامهایی در سر راه من می‌بود. من با آن پژوهش به درس خواندن و چیز یاد گرفتن، راه به رویم باز می‌بود که همچون هزارها دیگران سالها به این درس‌ها پردازم و نیروهای مغزی خود را

---

[1] جستار = مبحث.

[2] چخش (بر وزن جهش) = مجادله.

فرسوده و بیکاره گردانم. خدا را سپاس که به آن راهها نیفتادم و اگر افتادم زود جستم. در منطق طلبه‌ها کتابهای حاشیه ملا عبدالله و شرح شمسیه و شرح مطالع را درس خواندندی. من تنها حاشیه را خوانده به آن بس کردم. حکمت را در تبریز آشکاره درس نگفتندی. یکی دو تن در خانه‌هاشان درس می‌گفتندی و من به یکی از آنها دو روز رفتم و رها کردم. اما اصول که گودال بس ژرف و بزرگی در سر راهم می‌بود، از آن نیز به آسانی جستم.

چگونگی آنکه شیخ هادی تهرانی که یکی از ملایان نجف می‌بوده، راهی برای اصول باز کرده بود که درس آنرا در سه یا چهار سال به پایان می‌رسانیده. بیست سالِ دیگران را تا چهار سال پایین آورده بود. (این شیخ هادی همانست که ملایان دیگر به فهم و زیرکیش رشک برده تکفیرش کرده بودند که با گرسنگی و سختی زیسته و مرده است). یکی از شاگردان او که آقا شیخ حسین توتونچی زاده میبود به تبریز آمده درس اصول و فقه میگفت.

پس از پایان جنگ‌های دوچی که من باز در پی درس خواندن می‌بودم، دانسته شد که او در هنگام جنگ از دوچی که در آنجا نشستی، کوچیده به کوی نوبر آمده و در خانه بیرونی حاجی میرآقا (پدر آقای میرمهدی ما) نشیمن گرفته و آماده به درس گفتنست. من از این خورسند گردیده با یکی بدیدن او رفتیم و چنین نهادیم که از قوانین که در اصولست درس گوید.

نزدیک به دو سال من به درس او می‌رفتم. هر روز پیش از روشنایی از هکماوار راه افتاده یکساعت و نیم راه پیموده به نوبر می‌رفتم و درس خوانده به مدرسه باز می‌گشتم و در این جا خودم چند دوره درسهایی می‌گفتم که طلبه‌ها گرد آمدندی. در این دو سال قوانین و رسائل و مکاسب را درس خواندم که می‌باید گفت به پایگاه «ملایی» رسیدم.

در تبریز درس بالاتر از اینها نبودی و ملایان بیش از این نخواندندی. مگر کسی که می‌خواستی مجتهد گردد و یا نزدیک به مجتهدی شود که به نجف رفته درس خواندی.

بیماری سختی که گرفتار شدم

در تابستان ۱۲۸۹ (۱۳۲۸) که سالم بیست شده و چنانکه گفتم پس از چهار سال درس خواندن به ملایی رسیده بودم، در میان خویشان و آشنایان خانواده‌ای گفتگوها از ملایی من می‌رفتی. گاهی پندم دادندی که همچون ملایان عمامه را سترگ تر گردانم و ریش را فرو هلم[۱] و شلوار سفید پوشیده کفشهای زرد یا سبز آخوندی بپا کنم، راه را تند نروم، کسانی که «مریدانه» سلام می‌دهند به رویشان خندم و دلشان جویم. پیداست که اینها از دست من بر نیامدی.

ملازادگانی که به مدرسه آمدندی از همان نخست مشقِ مرید نگهداری، کردندی. بارها دیده بودیم بنزد ما آمدندی و نشستندی و بجای درس، گفتگو از آن کردندی که فلان حاجی بمن امروز سلام غرایی داد و بهمان اعیان که مرید من شده مرا دیشب به مهمانی خواند بود. در آن روزها یک سالوسکاری شگفتی در میان ملایان (ویژه جوانان ایشان) رواج یافته بود. بدینسان که عمامه را هرچه شول و ویل گردانیدندی. شال را به کمر چنان بستندی که در راه رفتن باز شدی و سرش به زمین کشیدی. جوراب را چنان پوشیدندی که جای پاشنه‌اش به نیمه پا آمدی. اینها برای آن بودی که گفته شود آقا «لاقید» است، از خود ناآگاه است. ملازادگان ورزش این سالوسکاریها را کردندی. ولی من یکباره آخشیج[۲] آنها را می‌کردم و از هرچه که رنگ رویه کاری[۳] توانستی داشت دوری می‌جستم و این بود از خویشان ایراد می‌شنیدم.

---

[۱] هِلیدن؛ هِشتن = گذاشتن، رها کردن

[۲] آخشیج = ضد، نقیض

[۳] رویه کاری = ظاهر سازی رویه (بر وزن مویه) = شکل، صورت، ظاهر.

روزی با وصی پدرم (حاجی میرمحسن آقا) به گفتگو نشسته بودیم. گفتم: درس خواندن من پایان پذیرفته. چه اگر بیش از این بخوانم باید به نجف روم و آن چیزیست که نمی‌خواهم. زیرا مرا باید که برادران کوچکم را به دبستان فرستم و آنان را بزرگ گردانم. خواهر کوچکم را به شوهری دهم. مادرم را که چشم امیدش به من باز است راه ببرم. اینست خواستارم مرا در بازار به کاری گمارید.

اندکی اندیشیده گفت: چهارسالست بیوسیده‌ام[1] که شما درسهاتان به پایان رسانید و مسجد و محکمه نیای خود را بدست گیرید. شما اکنون می‌خواهید که به بازار روید؟! اگر به بازار خواستیدی رفت، پس چرا درس خواندی؟!. شما باید از این رمضان که در پیش است به مسجد روید و نمار خوانید و موعظه کنید.

گفتم: ملایی از من بر نیاید و سالم نیز کمست. گذشته از آنکه در این کوی سه تن ملا هست که آنکه ساده است گرسنگی می‌کشد و آنکه زیرکست با فریبکاری وسالوسی نانی می‌خورد.

گفت: کار شما جز کار آنهاست. شما چون به مسجد روید و به ملایی پردازید از کویهای دیگر نیز مردم رو بسوی شما خواهند آورد.

بیش از این نتوانستم سخنی گویم و برخاستم. در دل می‌گفتم: باید خودم در اندیشه کاری باشم. ولی چند روزی نگذشت که گرفتار تیفوس گردیدم که همه این اندیشه‌ها در کنار ماند.

تا چند روزی از آغاز بیماری را به یاد می‌دارم که میرزا ابوالفتح حکیم (که از دوستان پدرم می‌بود) به بالای سرم آمده بود و با چهره اندوهناکی به مادرم می‌گفت: «حصبه است، نمی‌دانم محرقه یا مطبقه.» پس از آنکه بیماری سختی یافته بوده، چیزی را جز رنج‌های جانگداز و شکنجه‌های توانفرسا به یادم نمانده است. تنها روز هفدهم بود که «بحران» پایان یافته بوده و من بخود آمدم و چشم باز کردم و مادرم را

[1] بیوسیدن = انتظار داشتن.

دیدم که با دیده‌های اشکبار بالا سرم ایستاده و رو به آسمان سپاس می‌گزارد. در آن ده روز سختی بیماری، مادرم بی‌تابی بسیار می‌نموده است.

کم کم بیماری از میان رفت و من به پا برخاستم. ولی خون بسرم زده بود و بسیار سنگین می‌نمود. پزشک میگفت باید خون از بینیت روان گردد تا از این رنج رها گردی. یکماه کما بیش با آن سختی می‌گذرانیدم تا روزی بهنگامی که در خانه تنها می‌بودم از بینیم خون چکیدن آغازید، و چون جلو نگرفتم رفته رفته تندتر گرد ید تا آنجا که بیحال شدم و افتادم و تا مادرم از خانه همسایه بیاید و به جلوگیری کوشد، خون بی‌اندازه بیرون ریخت.

این خون ریختن بی‌اندازه یکی از رخداده‌های هناینده[1] در زندگانی من بوده. زیرا به شوند[2] آن، بسیار کمخون و ناتوان گردیدم و این کمخونی و ناتوانی تا امروز با من همراه است. از فردای همان روز چشم‌هایم تاریک شد که کسی را از ده گام دوری نمی‌شناختم. پس از چندی دندانهایم خورد شدن آغازید. بر سرم موی سفید پیدا شد. بدگواری[3] سختی (سوء هاضمه) پدید آمد. اگر سفرهای پیاپی که چند سال پس از آن پیش آمد و از آن ناتوانی بسیار کاست نبودی، دانسته نیست حال تندرستی من به کجا انجامیدی.

---

[1] هناینده (بر وزن پناهنده) = موثر.

[2] شوند (بر وزن بلند) = دلیل، موجب.

[3] بد گواری = سوء هاضمه.

چگونه مرا بمسجد بردند؟

در همان روزها که از تیفوس رهیده ولی هنوز از ناتوانی بیرون نیامده بودم. روزی دیده شد کسانی در حیاط بیرون گردآمده، و چون روز یکم رمضان می‌بود می‌خواهند مرا به مسجد نیایم ببرند که نماز بخوانم و به منبر رفته «موعظه» کنم. این کار به دلخواه من نمی‌بود و بسیار دشوار می‌افتاد. ولی چون می‌دانستم درچیدهٔ[۱] حاجی میرمحسن آقاست، ناچاری پذیرفتم و نماز می‌خواندم. سپس محرم رسید که باز بایستی به منبر روم.

کوتاه سخن آنکه مرا با زور و فشار، ملا گردانیده بودند. ولی خود در رنج سختی می‌بودم. گذشته از آنکه بسیار شرمنده می‌شدم و گاهی بالای منبر خود را می‌باختم. بارها با خود اندیشیده می‌گفتم: از این کار چسودی مرا یا مردم را خواهد بود؟. ملایانِ دیگر چیستند که من باشم؟ بخود بایا[۲] می‌شماردم که اندیشه کار دیگری کنم.

از آنسوی ملایی که داماد حاجی میرمحسن آقا گردیده بود و گفتم که با من رشک می‌ورزید، این بار به دشمنی آشکار برخاسته از سخنانی که مایه شکست ملایی من باشد باز نمی‌ایستاد. مرا «مشروطه چی» خوانده به دلسردی مردم می‌کوشید.

آنگاه در همان روزها، دو برادرم را که کوچکتر می‌بودند و چون در هکماوار مکتبی یا دبستانی نمی‌بود بیدرس مانده بودند، به دبستان «نجات» در درون شهر فرستادم. اینان که همچون دیگر سید بچه‌ها عمامه بسر نمی‌گزاردند و شال سبز نمی‌بستند، خود گناهی می‌بود چه رسد به آنکه به دبستان می‌رفتند و درسهای تا زه می‌خواندند. اینها عنوان نیکی در دست آن ملا می‌بود.

---

[۱] درچیده (بر وزن برچیده) = مرتب، مرتب شده.

[۲] بایا = وظیفه، واجب.

از آنسوی من خود به شیوه ملایان رفتار نمی‌کردم. چنانکه گفتم عمامه سترگِ شول و ویل بسر نمی‌گزاردم، کفش زرد یا سبز به پا نمی‌کردم، شلوار سفید نمی‌پوشیدم، ریش فرو نمی‌هلیدم.[1] کفش‌های پاشنه بلند و جورابه ای بافت ماشین به پا می‌کردم. شال کمرم را سفت می‌بستم. اینها بجای خود که چون چشمهایم ناتوان گردیده بود با دستور پزشک آیینک (عینک) به چشم می‌زدم، و این عینک زدن دلیل دیگری به «فرنگی مآبی» من شمرده می‌شد، اینها با «عدالت» که شرط پیشنمازی و ملایی می‌بود نمی‌ساخت.

از اینهم گذشته بارها در مسجد و در جاهای دیگری به دروغگویی‌های روضه خوانان ایراد می‌گرفتم که به گفته آن ملا به «دستگاه سیدالشهداء برمیخوردم.» خود نیز بالای منبر در پایان موعظه روضه نخوانده مردم را نمی‌گریانیدم.

اینها رویهم آمده؛ مایه دلسردی مردم می‌گردید، و من خشنود می‌بودم که دیر یا زود آن طوق از گردنم باز شود. اینست تا توانستم خود را از کارهای ملایی به کنار می‌گرفتم. تنها به بزمهای عقد (برای خواندن عقد) رفته از کارهای دیگر خودداری می‌نمودم، با آنکه پس از درآمدن به ملایی جداسری[2] نموده[3] راه بردن خانواده را به گردن گرفته بودم و با اینحال؛ بی‌پولی و تنگدستی فشار سختی می‌داد، نمی‌توانستم خود را به کارهایی که ملایان کردندی وادارم. بویژه که همیشه وصیت پدرم را به یاد می‌آوردم.

یکسال و نیم بدینسان گذشت که می‌باید گفت من در هکماوار زندانی و خانه نشین می‌بودم و همیشه بازشدن راهی را برای رهایی از آن زندان می‌بیوسیدم.[4]

---

[1] هِلیدن = گذاشتن، رها کردن.

[2] جداسری = استقلال، سرکشی.

[3] نمودن = نشان دادن.

[4] بیوسیدن = انتظار داشتن.

در این یک سال و نیم کاری که کردم قرآن را از بر گردانیدم. قرآن را بسیار خوانده بودم که تکه تکه از اینجا و از آنجا از برم گردیده بود. تنها آن می‌خواست که جاهای دیگر را از بر گردانم و آن تکه‌ها را بهم پیوندانم.[1] در آن روزهای خانه نشینی به این کار پرداختم.

از برگردانیدن قرآن سخت نمی‌بود. ولی برای آنکه فراموش نکنم بایستی معنی آیه را نیک دانم و بهمبستگی آنها را با همدیگر به یاد سپارم.

این کار مرا واداشت که زمانی به معنی قرآن (معنایی که از خود آیه‌ها در می‌آید) پردازم. و این پرداختن به معنی آنها خود داستانی گردید و نخست تکانی که در اندیشه‌ها و باورهای من پدید آمد از این راه بود.

---

[1] پیوندانیدن = پیوند دادن. برای گذرا (متعدی) کردن یک کارواژه ناگذرا (لازم)، باید «ان» به آن افزود. مانند: خوابیدن و خوابانیدن برای آگاهی بیشتر در این زمینه کتاب «زبان پاک» نوشته شادروان کسروی دیده شود.

چگونه بدانشهای نوین راه یافتم؟

در سال ۱۲۹۰ (۱۳۲۹) که محمد علی میرزا بازگشت و بار دیگر در ایران جنگها برخاست و هواداران محمد علی در همه جا بشور و تکان آمدند، و از آنسو صمد خان به باسمنج آمده دو باره تبریز را گِرد فرا گرفت[۱] و جنگها میانه او با مشروطه خواهان رفت، و سپس نیز داستان التماتوم دولت روس پیش آمد و در همه شهرهای ایران بویژه در تبریز شور و خروش بسیاری پدید آمد. من در همه اینها در هکماوار می‌بودم و از بس که دل آزردگی از کار خود می‌داشتم کمتر به اینها می‌پرداختم. از بس از کار خود شرمنده می‌بودم بدیدن دوستان و آشنایان کمتر می‌رفتم.

در آنسال در تابستان ستاره دُمدار «هالی» که در کتابهای ستاره شناسی بسیار بنامست، پدیدار گردیده بود. در هنگامیکه سخن از بازگشت محمد علی میرزا می‌رفتی و هر کس بیم جنگ و خونریزی می‌داشتی، این دُمدار پدید آمده یکرشته گفتگوها نیز از برخوردن آن به زمین و نابودی جهان به میان آمده بود.

ولی من از آن ستاره خشنود می‌بودم. شبها به پشت بام رفته به تماشایش می‌پرداختم، و این ستاره و داستانش بود که مرا به دانشهای اروپایی راه نمود[۲] و از آنها آگاهم گردانید. چگونگی آنکه صرف و نحو عربی که خوانده بودم پس از دست کشیدن از درس، کتاب‌های عربی بدست آورده می‌خواندمی و گاهی مشق عربی نویسی کردمی. طلبه‌ها که در مدرسه‌های کهن درس خواندندی، خواستشان یاد گرفتن زبان عربی نبودی. خود صرف و نحو را دانشی دانسته تنها به آن بس کردندی. از اینجاست که پس از سالها صرف و نحو، کتاب عربی نتوانستندی خواند،

---

[۱] گرد فرا گرفتن = محاصره کردن.

[۲] راه نمودن = راهنمایی کردن.

یک نامه عربی نتوانستندی نوشت. ولی من به اینها نیز پرداخته بودم. از اینرو هر کتاب عربی بدستم افتادی با خشنودی می‌خواندمی. روزی یک شماره مهنامه «المقتطف» مصر بدستم افتاد. گفتاری در آن درباره دُمدار هالی می‌بود. داستانش را می‌نوشت که نخست دُمدار است که حساب گردشش را دانسته‌اند و این دُمدار هر ۷۵ سال یکبار باز می‌گردد. آخرین بار در سال ۱۸۳۵ آمده بود و اینک در این سال ۱۹۱۱ نیز بازگشته است. سپس از پیدایش‌های گذشته او سخن رانده، نشان داده بود که هر باری که پیدا شده مایه بیم و ترس مردم بوده.

خواندن این گفتار نادانسته‌های چندی را به من دانسته گردانید. از یکسو دانستم در مصر چنین مهنامه‌های ارجداری هست که باید بدست آورم و بخوانم. نیز دانستم که «ستاره شناسی» در نزد اروپاییان جز آنست که در دست ماست.

در مدرسه طالبیه گاهی درسی نیز از «هیئت بطلمیوسی» گفته شدی. من نیز گاهی به آن گوش داده و خود به «تشریح الافلاک» شیخ بهایی و شرح چغمینی و مانند اینها پرداخته بودم. ولی در آن، چنین زمینه‌ای که ستاره شناسی به حساب گردش دُمداران پردازد سراغ نمی‌داشتم. همین مرا واداشت که به جستجوی دانشهای اروپایی روم و کتاب هایی بدست آورم. گاهی نام فیزیک و شیمی شنیده بودم و این بار به آرزوی دانستن آنها افتادم.

نخست کتابی را که بدست آوردم و خواندم کتابیست که بنام «هیئت طالبوف» شناخته گردیده و تاکنون چند بار چاپ یافته. این کتاب را به فرانسه، فلاماریون دانشمند بنام فرانسه‌ای نوشته «ستاره شناسی» را با زبان ساده و شیرینی که بی‌آموزگار توان فهمید باز نموده.[1] سپس آنرا به روسی ترجمه کرده‌اند و طالبوف ترجمه به فارسی کرده، چنانکه کتاب استادانه نوشته شده ترجمه‌اش نیز استادانه بوده. من از خواندن آن لذت بسیار بردم و بارها آنرا از آغاز تا انجام خواندم و

---

[1] باز نمودن = بیان کردن.

یکایک زمینه‌ها را به اندیشه سپردم و از اینکه در اروپا دانش به چنان راه روشنی افتاده خشنود و شادمان گردیدم.

چگونه از ملایی رها گردیدم؟

تابستان و پائیز به پایان رسید. محمد علی میرزا پس از کوششهایی که هوده‌ای[1] ندید پس گردیده گمنام شد. دُمدار هالی پس از چرخیدن به گرد خورشیدِ ما، از راهی که آمده بود بازگشت و ناپیدا شد. صمدخان به تبریز دست یافتن نتوانسته در باسمنج به خاموشی نشست.

ولی التماتومی که روسها دادند دنباله پیدا کرد و در آخرهای آذرماه در تبریزم یانه سالدات‌ها[2] با مجاهدان جنگ برخاست.

این داستان از هناینده[3] ترین پیشآمدها در زندگانی من بوده. نامردی‌های بسیاری از وزیران و دیگران پدیدار گردید. از آنسوی ایستادگی یکدسته از ایرانیان در برابر دولتِ آهنین مشتی همچون دولت تزاری روس، یکی از شگفت ترین داستانهاست. این خود نمونه ایست که جنبش مشروطه خواهی یکدسته را تا بچه اندازه بالا برده و دارای چه سهش‌های[4] مردانهٔ بسیار گرانبها گردانیده بود.

من داستان این را در کتاب‌های خود نوشته‌ام[5] و در اینجا به آن نمی‌پردازم. در اینجا همین اندازه می‌گویم که این پیشامد در من تکان سختی پدید آورد.

روز ۲۹ آذر که جنگ آغاز یافت و چگونگی دانسته گردید، من در هکماوار از جنگ بسیار دور می‌بودم، با اینحال نمی‌توانستم آسوده باشم. نیک می‌دانستم که چند هزار تن از مجاهدان تبر یز با دولتی همچون دولت تزاری جنگ نتوانند کرد و پایان

---

[1] هوده = نتیجه.

[2] سالدات = سرباز به زبان روسی.

[3] هناینده (بر وزن پناهنده) = مؤثر.

[4] سهش (بر وزن جهش) = احساس درونی.

[5] برای داستان جنگ و دیگر آگاهی‌ها بخش چهارم «تاریخ هجده ساله آذربایجان» دیده شود.

آن جز نابودی نتواند بود. ولی اینها جلو سهش‌های مرا نمی‌گرفت و مرا بحال خود بازنمی گردانید. فردا نیز همچنان می‌بودم، و چون داستان دلیری مجاهدان را می‌شنیدم، به شور و تکانم می‌افزود. چون محرم فرا رسیده بود و شبها در چند مسجد به منبر می‌رفتم، خودداری نتوانسته به شورانیدن مردم می‌پرداختم.

حاجی عباس نامی که یکی از کشاورزان توانگر هکماوار که خود مرد بسیار نیکی می‌بود، و من در آن کوی تنها او را همراه خود می‌داشتم. با او گفتگو کرده چند تنی را با خود همداستان[1] گردانیدیم، چنین می‌خواستیم که به شهر رفته تفنگ گرفته، ما نیز در جنگ همراهی نماییم. ولی جنگ چهار روز بیشتر نکشید که چنانکه در کتابهایم نوشته‌ام مجاهدان با همه فیروزی ناچار گردیده از شهر بیرون رفتند. و سپاه دیگری از روسها از تفلیس رسید و از فردای آنروز دژخویی‌ها[2] آغاز گردید و دشمنان مشروطه که از چند سال باز[3] دل از کینه آزادیخواهان پر می‌داشتند فرصت یافته به کینه جویی‌های وحشیانه پرداختند. تبریز اگر در تاریخ مشروطه نام نیکی از خود به یادگار گزارده است این وحشیگری‌های ملایان و پیروان ایشان، آن نام نیک را لکه دار گردانید. تبریز همچون گلستانی می‌بود که ناگهان سرمای سختی به آن زدند و گلها و سبزی‌ها را بسوزاند و از میان بْرد، گلستان را جایگاه زاغان شوم

---

[1] همداستان = موافق.

[2] دژخویی = بد خویی.

دژ (بر وزن لژ) = پیشوندیست که معنی «بدی که با درشتی توأم باشد» میدهد. این پیشوند نخست «دش» بوده که هنوز در دشمن و دشنام و دشوار باز مانده.

خوی = آنچه کسی از سرشت خود نداشته و سپس یاد گرفته و پذیرفته (اعمال اکتسابی) عادت. «با او می‌زیست و خویهای بد او را یاد گرفته است.» خیم = خُلق، خصلت. آنچه آدمی از سرشت خود دارد. همچون خشم و آز و رشک و سرکسی و ستمگری و نیکخواهی و آمیغ پژوهی و مانند اینها.

[3] باز = به اینطرف (از صد سال باز: از صد سال پیش به اینطرف.)

گرداند. برای من روزهای سختی می‌بود. ناچار می‌بودم آن وحشیگری‌ها را از نزدیک تماشا کنم. روزی هم هکماو اریان با فشار حاجی میر محسن آقا مرا نیز به جلو خود انداختند و به باغ امیر که نشیمنگاه صمدخان میبود بردندکه روی ناپاک و سبیل‌های وحشیانه آنمرد خونخوار را از نزدیک دیدم. اینها رادر تاریخ نوشته‌ام.

در اینجا آنچه باید بنویسم اینست که یکی از کسانی که زندگانیش به سختی افتاد من بودم، زیرا در سایه شور و سهش‌های آن چند روزه در شمار آزادیخواهان درآمده بودم، و این بود ملایان زبان به تکفیرم می‌گشادند و مردم را به روگردانی از من بلکه به بدگویی باز می‌داشتند. در هرنشستی نیش‌های زبانی می‌زدند، تلخگویی دریغ نمی‌گفتند. بلکه آن ملای بدخواه می‌کوشید اوباش هکماوار و قَرا ملک را به گزند رسانیدن وا دارد.

اینها داستان درازی می‌دارد. دلخستگی‌های[1] آنروزها از چیزهاییست که من فراموش نکرده‌ام و نخواهم کرد. ولی در برابر همه این بدیها یک نیکی در میان بود و آن اینکه به شوند[2] همین پیشامدها از یکسو مردم نیز از من نومید شده دست از گریبانم برداشتند و بدینسان زنجیر ملایی از گردنم برداشته شد.

---

[1] خَستن = زخمی کردن، آزردن. دلخستگی = دل آزردگی، زخم دل.

[2] شوند (بر وزن بلند) = سبب، موجب.

دوستان آزادیخواه که پیدا کردم

پس از دست کشیدن از ملایی چون در بیرون جز وحشیگریهای بدخواهان مشروطه چیزی نمی‌بود و صمدخان و روسیان هر چند روز یکبار آدم دار می‌زدند و دلهای آزادیخواهان را می‌خستند، من از خانه کم بیرون می‌رفتم. در خانه نشسته با کتاب خواندن بسر می‌بردم، و این فرصتی بود که دانشهای نوین را دنبال کنم. این بود کتابهایی در حساب و هندسه و جبر و مقابله و ستاره شناسی و فیزیک بدست آوردم و به خواندن و اندیشیدن پرداختم و با آنکه آموزگار نمی‌داشتم پیش می‌رفتم. از یکسو نیز گاهی به بازار رفته چند ساعتی در دکان یا حجره برخی آشنایان می‌گذرانیدم، و در اینجاها بود که با آزادیخواهانی که در شهر مانده و گاهی نیمه نهانی به بیرون می‌آمدند آشنایی پیدا می‌کردم.

از کسانی که در آنروزها آشنایی، بلکه دوستی پیدا کردم حاجی آقا خان (پسرحاجی صفر علیخان) بود. جوانی دانشمند و ستوده خوی و آراسته‌ای می‌بود. زبان فرانسه را نیک می‌دانست و از کتابهای اروپایی آگاهی بسیار می‌داشت. این جوان ملکی از پدرش ارث برده با درآمد آن زیستی و چون بسیار با شرم می‌بود، از خانه کم بیرون آمدی. روزی او را در نشستی دیدم و بنام همسالی و همدردی با هم دوست گردیدیم. نخست بار که من معنی درست مشروطه را فهمیدم از سخنان این جوان دانشمند بود که آگاهی نیکی می‌داشت. یکرشته کتاب هایی از او گرفتم که بسیار سودمند بود. از جمله کتاب‌های سیاحت نامه ابراهیم بیک «جلد یکم» و کتاب احمد را ازو گرفته خواندم. سیاحتنامه ابراهیم بیک تکان سختی در من پدید آورد و باد به آتش درون من زد.

در آنهنگام کتابخانه‌ای در مغازه‌های مجیدالملک بنام «آذربایجان» می‌بود که کتابهای مصری و اروپایی می‌فروختی. من بارها می‌رفتم و ازو کتاب می‌خریدم. روزی دیدم

دارندهٔ کتابخانه آهسته بمن گفت: «از کتاب خریدنتان پیداست که شما از مشروطه خواهانید.» گفتم: «آری من از آزادیخواهانم.» گفت: «دوتن دیگری هستند که به اینجا آیند و کتاب خَرند و گاهی نیز به گفتگو نشینند. می‌خواهید که با آنان آشنا گردید؟!...» گفتم: «چرا نخواهم.» چند روزی پس از آن از جلو مغازه او می‌گذشتم، دیدم بیرون شتافت و مرا خواند، و چون به بخش درونی کتابخانه رفتیم دیدم دو تن، یکی سید و دیگری ملا نشسته‌اند. سید را در مدرسه دیده می‌شناختم. آقای میرعبدالحمید غیاثی می‌بود. ملا را نیز سپس شناختم که آقا میرزا باقر (طلیعه) است. من چون رسیدم، و سلام گفتم و دانستند که از آزادیخواهانم، بسیار شاد گردیدند و همچون کسانی که سالیان دراز با هم دوستی داشته‌اند، نشستیم و به سخن پرداختیم. گفتند: «ما را دوست دیگری بنام آقا میرزاعلی هیئت است که از شا گردان آخوند بوده و از نجف آمده، باید شما را با او نیز آشنا گردانیم.» چنین نهادیم که پس فردا آقا میرزا علی را نیز برداشته به هکماوار بخانه ما بیایند. آنروز هر سه آمدند و با هم نشسته به درد دل گفتن آغاز کردیم. سپس به کتابهای من بازرسی کردند و از برخی کتابها خوانده شد. آنروز را با صد خوشی بسر بردیم و چنین نهادیم که هفته‌ای دو روز یا دو شب با هم باشیم.

پس از آن، هفته‌ای دو بار باهم می‌نشستیمی. نخست به گفتگو پرداخته درد دل گفته، بار اندوه را سبک می‌گردانیدیم. سپس از کتابها و مهنامه‌های مصری (الهلال و المقتطف) می‌خواندیمی. سپس آقا میرزا باقر با آواز خوش شعرهای عربی خواندی و شوخیها کردی بدینسان روز یا شب را با خوشی بسر دادیمی.

این پیشآمد برای من از هر بار نیک می‌بود. از یکسو از تنهایی بیرون آمده، این بار یارانی می‌داشتم و آن اندوه و دلسوختگی که از دیدن و شنیدن وحشیگریهای ملایان و پیروانشان پدید می‌آمد کمتر می‌شد. از یکسو از حال تهران و دیگر جاها آگاهی هایی بدست می‌توانستم آورد. آنگاه آقا میرزا علی، ریاضیات و ستاره شناسی را نیک دانستی و من که در آن دانشها به کوششی پرداخته بودم برخی نادانسته‌های خود را ازو پرسیدمی.

امروز این سه تن از بدخواهان منند و تا می‌توانند دشمنی دریغ نمی‌گویند. ولی اینها مرا از یاد آن روزهای خوش باز نمی‌دارد و بار دیگر می‌گویم که این باهماد[1] چهارگانهٔ دوم نیز برای من بسیار ارجدار می‌بود.

ماهها بدینسان می‌گذرانیدیم. من چون با آزادیخواهی شناخته شده بودم و گاهی که در نشستی با یکی از بدخواهان مشروطه بر می‌خوردم، خودداری از گفتن پاسخ به سخنان آنان نمی‌داشتم، نامم به زبانها افتاده بود. از اینرو هر زمان دوست تازه دیگری پیدا می‌کردم. یکی از دوستانی که پیدا کردم آقای میرزا محمد علی (صفوت)، و دیگری میرزا ابوالقاسم فیوضات، دیگری میرزا جعفر آقا خامنه‌ای می‌بود. در همان روزها شادروان خیابانی که پس از بهم خوردن دارالشوری از تهران به قفقاز رفته بود به تبریز درآمد. به میانجیگری[2] آقایان صفوت و خامنه‌ای با او نیز آشنایی یافتم. اینان نیز گاهی به نشست‌های ما آمدندی. بسیار شبها نیز در خانه حاجی شیخ علی اکبر آقا (پدر میرزا جعفر آقا) فراهم آمدیمی

این حاجی شیخ یکی از بازرگانان بسیار نیکوکار تبریز می‌بود. در تاریخ مشروطه یاد او کرده شده. میرزا جعفرآقا جوانی با دانش می‌بود که شعر نیز می‌سرود.

یک دوست دیگری آقای رضا سلطانزاده بود. این با پدرش به کربلا رفته سالها در آنجا زیسته بود. پس از مرگ پدرش با خانواده به تبریز بازگشت. خویشی دوری با ما می‌داشت. ولی من او را ندیده بودم. نخست بار در خانه حاجی میر محسن آقا که به بازدید آمده بود، دیدم و چون در میان سخن پی به آزادیخواهی یکدیگر بردیم، از آنجا برخاسته خود را به کناری کشیدیم و با هم به درد دل گفتن پرداختیم. در یکی دو ساعت چنان دلبستگی به همدیگر یافتیم که از فردا او نیز از باهماد گردید و امروز تنها کسی که از دوستان آنروزی با من مانده اینست.

---

[1] باهماد = جمعیت، حزب.

[2] میانجیگری = شفاعت، وساطت.

چه آزارهایی از ملایان میدیدم

بدین سان دسته‌ای از آزادیخواهان پدید آورده خوشیها می‌داشتیم. ولی من آسوده نمی‌بودم و از چند راه فشار می‌دیدم. زیرا ملایان رهایم نمی‌کردند و دست از آزارم برنمی داشتند. حاجی میر ابوالحسن انگجی آن ملای نامردی که زمانی خود را بجلو مشروطه خواهان انداخته در سایه پشتیبانی آنان جا برای خود در توده باز کرده بود و سپس در پیشآمد جنگ روس، نامردی دریغ نگفته و بجلو اوباش افتاده انجمن را به تاراج داده بود چون دلبستگی‌های مرا به مشروطه شنیده بود «تکفیرم» می‌کرد. آن ملای هکماواری که گفتم داماد حاجی میرمحسن آقا و دشمن ویژه من می‌بود، پیاپی مردم دژخوی[1] هکماوار و قَرا ملک را به من می‌آغالانید.[2] عینک به چشم زدن و جوراب بافتِ ماشین پوشیدن و عمامه کوچک بسر گزاردن و ریش فرو نَهِشتن[3] من، و به دبستان رفتن برادرانم، دستاویزهای[4] نیکی برای او می‌بود. یک چیز دیگرکه بیشتر بکار می‌خورد، آن می‌بود که من بارها به دروغگویی‌های روضه خوانان ایراد می‌گرفتم که در پیش مردم «توهین به دستگاه سیدالشهداء» بشمار می‌رفت.

در اینزمان حاجی میر محسن آقا نیز رنجش بسیاری از من می‌داشت و این مایه دلتنگی او میبود که پس از آنکه سالها چشم براه درس خواندن من دوخته و آرزومند می‌بوده که ملا گردم و مسجد و محکمه موروثی را بدست گیرم، اکنون بدینسان مشروطه خواه درآمده و ملایی را بیکبار[5] رها کرده‌ام. با آنکه در اینهنگام داماد او نیز

---

[1] دژخوی = دارای خوی‌های بد و ناتراشیده.

[2] آغالانیدن = شورانیدن، تحریک کردن.

[3] هِشتن؛ هِلیدن = گذاشتن، رها کردن نَهِشتن = نگذاشتن.

[4] دستاویز = بهانه.

[5] بیکبار؛ بیکباره = بکلی، یکدفعه.

می‌بودم و خویشی تازه‌ای به خویشی‌های دیگر افزوده بودیم، در برابر رُمِشی[۱] که او را از مشروطه می‌بود، از این خویشی‌ها سودی بدست نمی‌آمد. چون این مرد که بزرگ خانواده ما می‌بود از من دلتنگی می‌داشت، آن ملا فرصت یافته از هیچ آزاری دربارهٔ من باز نمی‌ایستاد. برای آنکه خوانندگان دْژرفتاری[۲] این ملا و دیگر ان را با من بدانند، اینک چند داستانی را برای نمونه در اینجا یاد می‌کنم:

۱. روزی یکی از ملازادگان می‌خواست عمامه بسر گزارد و برای این کار بزمی برپا گردانیده، انگجی را با دیگر ملایان خوانده بود. مرا نیز در کوچه گرفته با خواهش بسیار همراه برد. چون رفتیم و نشستیم و انگجی و دیگران آمدند و نشستند و گفتگو آغاز گردید، یکی از طلبه‌ها رو به انگجی گردانیده چنین گفت:

«آقا، کسی هست که درس فرنگی میخواند. آنروز دیدم کتابش را به مسجد آورده بود و میخواند. درباره او تکلیف چیست؟!...» خواستش از آنکس من می‌بودم. زیرا چند روز پیش یک کتاب «لانگاژ» فرانسه در دستم به مسجد میرزا مهدی رفته بودم و آن طلبه دیده بود. انگجی گفت: «به او باید دو حُد[۳] زد!.» آن طلبه و برخی از ملایان به روی من نگاهی کردند. ولی من بخود نگرفته به خاموشی گراییدم.[۴]

۲ برادرانم را که به دبستان (مدرسه‌های نو) می‌فرستادم، روزی شنیدم آن ملای هکماوار به مردم گفته: «اینها درس بابی[۵] میخوانند، کتابشان من دیدم. نوشته است شرب مسکرات[۶] حرام نیست». اینسخن را در میان مردم پراکند. در همان روزها یکی

---

[۱] رمش = رمیدن، دوری.

[۲] دْژرفتاری = بدرفتاری همراه با درشتی.

[۳] منظور از «حد» تازیانه است.

[۴] همان انگجی پس از چند سال پسر خود را با پول دولت به اروپا فرستاد که درس خواند.

[۵] برای آگاهی در زمینه بابیگری و بهاییگری کتاب «بهاییگری» دیده شود.

[۶] شُرب مسکرات = نوشیدن مست کننده‌ها.

از خویشان، میهمانی برپا کرده بود، آن ملا نیز آمد. در میان گفتگوها من پرسیدم: «شما چنین سخنی به مردم گفته اید؟!.» گفت: «آری، راست هم گفته‌ام.» گفتم: «چنان سخن در کدام کتابست؟!.» گفت: «کتابیست بنام نخست نامه، در آنجاست». گفتم: «در نخست نامه چنان جمله‌ای نیست.» گفت: «خودم دیدم نوشته است: شرب مسکرات شایسته نیست. شایسته نیست یعنی مکروه است. مکروه است یعنی حرام نیست.» من دیدم با آن بیسوادی و نادانی مردم، جای گفتگو نیست و خشنود گردیدم که آخوندک ندانسته که نخست نامه را یک ارمنی نوشته، وگرنه آنرا هم دستاویزی می‌گردانید. به یاد آوردم این مردم همانند که بادمجان فرنگی را که تازه آمده بود تا سالیان دراز نخریدندی و نخوردندی، بلکه دست نزدندی، به این شوند که نامش درتبریز «ارمنی بادمجانی» (بادمجان ارمنی) می‌بود.

۳. حاجی محمد جعفر نام یکی از دوستان پدرم میبود که ما نیز «عمو» میخواندیم. زن او مرده بود. شب چهلمش روضه خوانی آمد و روضه‌ای خواند در این زمینه: «چند تنی از بزرگان ما جنازه هاشان سه روز و سه شب بر روی زمین ماند. یکی از آنها صاحب شریعت ما بوده، پیغمبر چون مْرد امت بیوفا در سقیفه گرد آمدند که ابوبکر را خلیفه گردانند و حق علی را پایمال گردانند. جنازه سه شب و سه روز ماند روی زمین. فاطمه زهرا به جنازه نگاه می‌کند و می‌گرید و به سر و روی خود می‌زند...» روضه پایان یافت و حاجی محمد جعفر که میدانست من به روضه خوانان ایراد گیرم، پرسید: «اینها راست بود؟.» گفتم: «سرتا پا دروغ بود.» سپس داستان را گفتم که پیغمبر روز دوشنبه درگذشت و همانروز علی و عباس و دیگران به شستن و آماده گردانیدن آن پرداختند و این کار تا شب کشید. یاران پیغمبر در بیرون فراهم شده میخواستند همه شان به آن نماز خوانند. ولی چون خانه کوچک می‌بود چنین نهادند که ده تن و ده تن بیایند و نماز خوانند و بیرون روند. شب سه شنبه و روز سه شنبه و کمی از شب چهارشنبه این کار میرفت که چون پایان یافت،

شب چهارشنبه با همراهی همه مسلمانان بخاک سپاردند. این داستان کجا و آن گفته‌های روضه خوان کجاست؟! مردک می‌خواهد از هر چیزی افزار گریه سازد.

این دروغگو می‌گوید: «امت بیوفا در سقیفه گرد آمدند...» علی و عباس و بسیاری از بنی هاشم که به سقیفه نرفته بودند، آنان در کجا می‌بودند؟!. آنگاه مگر کار سقیفه سه روز کشید؟!. می‌گوید: «فاطمه زهرا به جنازه نگاه میکرد و میگریست...» اگر راست بوده فاطمه بایستی بجای گریه برخیزد و جنازه پدرش را بشوید و بخاک سپارد. این به او «واجب» می‌بوده.

چون در آنجا کسان بسیاری می‌بودند، رفته این سخنان را به آن ملا رسانیده بودند. چند شب دیگر در خانه یکی از خویشان بزم «عقد کنان» می‌بود. ملا سر سخن را باز کرد: «شما به دستگاه امام حسین برنخورید، جوانمرگ می‌شوید، امام حسین میگیردت....» گفتم: «مرا با امام حسین کاری نیست. ولی من نمی‌توانم دروغهایی را بشنوم و خاموش باشم.» گفت: «اینها دروغ نیست، همان داستان جنازه پیغمبر و سه روز و سه شب ماندن آنرا در کتابها نوشته‌اند.» گفتم: در کدام کتاب؟!. گفت: «الان آنچه یاد دارم کتاب محرق القلوب مجلسی است.» گفتم: «گمان نمی‌کنم چنین سخنی در آن باشد.» میزبان که از هواداران او می‌بود، چون پنداشت راست گفته برخاست و «محرق القلوبی» پیدا کرد و آورد، ولی چون جُست و پیدا کرد و خواند جز گفته‌های من نمی‌بود. ملا از این برآشفت و چنین گفت: «در مجلسی که به امام حسین توهین می‌شود من نمی‌توانم نشست». این را گفت و عصای خود را برداشت و لَندلَندکُنان[1] بیرون رفت.

[1] لندلندکُنان = غُرغُرکُنان، با خود سخن گفتن از روی خشم و اوقات تلخی.

فشار زندگی که گرفتار میبودم

این گرفتاریها یکسو، یکسو نیز تهیدستی و بی‌پولی مرا فشار سختی می‌داد. چون کاری نمی‌داشتم پولی به دستم نمی‌رسید. در هکماوار زندگی آسان می‌بود، با اینحال ما در تنگی افتاده با سختی می‌گذرانیدیم.

در آن چند سال کتابهای بسیار گرد آورده بودم. در این هنگام آنها را می‌فروختم. کتابفروشی از راز ما آگاه می‌بود. کتابها را می‌فرستادم، میفروخت و پولش می‌داد. دو تن از دوستان پدرم، حاجی محمد جعفر بادامچی و حاجی حسین بادامچی، که آزادیخواه نیز می‌بودند، چند بار پول برای من فرستادند، حاجی عباس که در پیش نامش برده‌ام بارها ازو وام گرفته بودم.

این حاجی عباس داستانی داشت که می‌باید در اینجا یاد کنم: این مرد از خویشان مادرم می‌بود. در بچگی هفت سال به مکتب ملا بخشعلی رفته و چیزی یاد نگرفته بود. از هنگامیکه با من آشنا گردید تکان سختی خورد و در سی و چند سالگی به خواندن الفبا پرداخت و کم کم کتاب خواندن آغاز کرد. کارش بجایی رسید که با ملایان به گفتگو پرداختی و ایرادها به آنان گرفتی و از قرآن دلیل آوردی. ملایان سخت می‌رنجیدند. ولی چون مردی می‌بود دارا و سفرهٔ بازی می‌داشت تکفیرش نکردندی، و گاهی که رشته پاره شدی با دادن یک میهمانی رشته پاره شده را بهم بستی. این حاجی عباس همانست که در سالهای آخر برای هکماوار، آن کوی بیسواد، دبستان برپا گردانیده که هم اکنون به یادگار او برپاست.

من می‌خواستم به کاری از بافندگی و مانند آن پردازم که بتوانم کسانی را از بچگان بیکار همسایه و خویش بکار وادارم. فرشبافی را می‌شناختم. ولی از یادم نرفته بود که به شاگردان سخت گذشتی و آنان را در رنج بسیاری داشتی. کسانی گفتند: جوراب بافی آسان است، اگر دو ماشین بخرید و راه اندازید، درآمد نیکی تواند

داشت. اینرا پسندیدم و به سراغ ماشین رفتم. نخست یکی خریده آوردم و پس از آزمایشها دانسته شد نادرست است. چون بازگردانیدم فروشنده بیست تومانی که گرفته بود پس نداد و بارها به طلب بازمانده نیز فرستادی. یکی دیگر پیدا کردیم و بازمانده کتابهای خود را در یکجا فروخته آنرا خریدم و در یک کارخانه جوراب بافی گزاردم که چندی خودم می‌رفتم و به یاد گرفتن می‌پرداختم. ولی افسوس که آن نیز سوزنش در تبریز پیدا نمی‌شد. ناچار گردیده در آنجا گزاردیم و از آلمان سوزن برایش خواستیم، و پس از چند ماه که سوزن رسید دانسته شد دارنده کارخانه ماشین را به گرو مزد استادی و کرایه جا نگه داشته و نخواهد داد، و من چون بسیار افسرده شده بودم بهتر دانستم آنرا نادیده انگارم[1] و به جستجویش نروم.

دو چیز مرا بسیار افسرده می‌گردانید: یکی دل شکستگی مادرم که چون از پیشامدها سر در نمی‌آورد و از آنکه مرا همیشه در فشار بی‌پولی می‌دید سخت اندوه می‌خورد. دیگری از دست رفتن کتابهایم که مایه سرگرمی من می‌بودند. زیرا با آن همه گرفتاریها رشته دانشها را از دست نِهشته[2] همچنان دنبال می‌کردم. یکی در رشته ریاضیات نیک پیش رفته بودم، دیگری تاریخ را دوست می‌داشتم و کتابهای تاریخی بسیار خریده بودم. یکی هم نوشتن و خواندن عربی را دنبال می‌کردم.

چنانکه گفته‌ام در مدرسه که صرف و نحو عربی خواندندی، خود آنها را دانشی پنداشتندی، و این بود پس از سالها درس، خواندن و نوشتن عربی را نتوانستندی. من نیز درس را همچنان خوانده و این زمان ناچار شده بودم که بکوشم وخواندن و نوشتن آن زبان را یاد گیرم.

ساعتهای بیکاری خود را در این چند رشته بکار می‌بردم و داستانهایی رخ می‌داد که فیروزی مرا در این کوشش‌ها روشن می‌گردانید. یکی از آن داستانها این بود که

---

[1] انگاریدن = فرض کردن.

[2] هِشتن؛ هِلیدن = رها کردن، گذاشتن.

گفتاری به عربی برای مجله «العرفان» که در صیدا بچاپ می‌رسید، نوشته و فرستاده بودم که پس از چندی دیدم آنرا بی کم و بیش بچاپ رسانیده و این می‌فهمانید که عربی را نیک می‌نویسم. دیگری این بود که دکتر واندیک امریکایی که یکی از دانشمندان بنام می‌بوده و سالها در دانشکده بیروت درس می‌گفته و در رشته‌های بسیاری کتاب نوشته بود من کتابهای اورا دوست می‌داشتم و می‌خواندم. روزی در نشستی که آقای فیوضات و دیگران می‌بودند و سخنی از کتابهای آن دانشمند می‌رفت، می‌گفتم: «جای شگفت ست که در کتاب جبر خود[1] در فلان قاعده اشتباهی آشکار ازو رخ داده و آن کتاب که در مدرسه‌های مصر و سوریا درس خوانده می‌شود و سه بار چاپ شده کسی به آن غلط پی نبرده....» فیوضات که از پرداختن من به ریاضیات آگاه نمی‌بود و خود را استاد آن دانشها می‌شناخت، با تندی گفت: «واندیک اشتباه نمی‌کند. اشتباه را شما کرده اید.» گفتم: «نخست خود من نیز چنین پنداشتم. ولی چند بار که به آزمایش پرداختم دیدم اشتباه را او کرده است.» گفت: «من به شما ثابت خواهم کرد که اشتباه از شماست و شما باید یک میهمانی جریمه این سخن خود را بدهید.» گفتم: «بسیار نیک. ولی اگر دانسته شد اشتباه از من نبوده باید شما میهمانی دیگری دهید». او هم پذیرفت، و فردا شب فیوضات با آقای رضا قلی رشدیه و دیگران بخانه ما آمدند، و چون پس از ایستادگیهای بسیار آقای فیوضات، آزمایش نشان داد که لغزش از واندیک بوده چند مهمانی به همان نام داده شد.

با این کوششها که پیش گرفته بودم و با آن دلبستگی که می‌داشتم، بیجا نمی‌بود که از دست دادن کتابها مرا بیکبار افسرده گرداند.

---

[1] واندیک در هر رشته از دانشها کتاب در زبان عربی نوشته ومن و بسیار دیگران در ایران از کتابهای او سود برده ایم. یکی از کتابهای او «الروضه الزهریه فی الاصول الجبریه» است که کتاب بسیار سودمند و بنامیست و این لغزش در آنجا رخ داده.

چگونه حداد از بهاییگری بازگشت

یک داستان شیرینی که در همان روزها رخ داد و می‌باید در اینجا یاد کنم، بازگشتن شیخ حسن حداد (آن یار مدرسه‌ای من) از بهاییگری بود. چنانکه گفتم حداد هنگامیکه در مدرسه درس می‌خواند، کم کم به بهاییگری گرایید و از درس دست کشیده یکی از «مبلغان» آن کیش گردید، و چون در فرشبافی بسیار استاد می‌بود، کارخانه‌ای نیز بنیاد گزارد که زندگانی خود را راه برد. چون از یکسو در «تبلیغ» بهاییگری کوشش بسیار می‌کرد و خود مرد زبانداری می‌بود و از یکسو قالیچه‌های گرانبهای استادانه می‌بافت، در هر دو رشته شناخته گردید و نامش به دهانها افتاد.

این در سالهای پیشتر می‌بود. لیکن در این هنگام که ملایان در تبریز چیره[1] گردیده بنام «شریعت» و «مذهب» به آزار این و آن می‌کوشیدند، شنیده شد حاجی میرزا ابوالحسن انگجی «فتوی» به کشتن حداد داده. حداد نیز از راه بی‌باکی درآمده و نامه‌ای به انگجی نوشته در این زمینه که فتوای شما از روی درماندگی و ناتوانیست. شما اگر راست می‌گویید به من زینهار[2] دهید که بیایم و با شما «مباحثه» کنم که اگر «مغلوب» شدم مرا بکشید و اگر شما «مغلوب» شدید، کیش بهایی را بپذیرید. این نامه را نوشته و فرستاده ولی حاجی میرزا ابوالحسن پاسخی نفرستاده و همان فتوا را دنبال کرده.

در آن نشستهایی که هفته‌ای دو شب ما می‌داشتیم، این داستان به میان آمد و هیئت گفت: «کاش او را می‌دیدیمی». من گفتم: «حداد در مدرسه با من دوستی داشته است. من نامه‌ای نوشته ازو دیدار خواهم.» این بود نامه‌ای به زبان عربی نوشته ازو

---

[1] چیره = غالب، مسلط.

[2] زینهار = پناه، امان.

دیدار خواستم. پاسخ داده بود: «من چون نمی‌توانم به کوچه و خیابان بیایم، کارخانه من در سرای کشمشچی است، شما بیایید همدیگر را ببینیم.» روزی من رفتم و چون فرارسیدم از دیدار یکدیگر که پس از چند سال رخداده بود شادمان گردیدیم. یک ساعت با سخنان دوستانه گذراندیم و بهنگام جدایی گفت: «میدانم شما آمده بودید درباره بهاییگری با من گفتگو کنید. امروز فرصت نشد. من کتابهایی را می‌دهم ببرید و بخوانید و اندکی آگاه گردید و هفته دیگر همین روز بیایید با هم گفتگو کنیم.» این گفت و چند کتابی را از فرائد میرزا ابوالفضل و مقاله سیاح بابی و مانند آنها بجلو گزاشت. من برداشتم و بازگشتم.

هفته دیگر که رفتم و به گفتگو نشستیم گفت: «شما آمده‌اید با من به سخن پردازید که اگر توانید از بهاییگری بیرونم آورید. به شما آگاهی دهم که نیازی به سخن نیست. من از بهاییان چیزهایی را دیده‌ام که شرمم می‌آید به شما باز گویم. من دیگر بهایی نیستم. چیزی که هست شما میدانید انگجی فتوای کشتن مرا داده و من اکنون قاچاق زندگی می‌کنم. همه خویشان از من رو گردانیده‌اند. زن مرا به گرمابه راه نمی‌دهند. چندی پیش بچه‌ای از من مُرد، ناچار شدیم حمالی بگیریم که شبانه ببرد و نهانی بخاک سپارد. میدانید که من دیگر به میان مسلمانان بازگشت نخواهم توانست. اگر هم مسلمان شوم مرا «مرتد فطری» دانسته از کشتنم چشم نخواهند پوشید. امروز تنها بهاییانند که به من نگهداری می‌نمایند و منهم از ناچاری با آنان راه می‌روم و در برابر انگجی و دیگران خود را نمی‌شکنم. این راز درون منست که به شما بازگفتم که خواهشمندم پوشیده دارید و گاهی بدیدن من بیایید که باری ساعتی با هم باشیم و درد دل گوییم.» از این سخنان دلم بحالش سوخت و با افسردگی برخاستم و باز گشتم. همان شب نشست داشتیم. چگونگی را به آقا میرزا علی گفتم. او کمی اندیشیده گفت: «چاره این کار آسانست. مجتهد با انگجی دشمنست. خوشبختی حداد در آن بوده که انگجی به تکفی رش برخاسته. من چگونگی را با حاجی میرزا مصطفی به میان گزارم و مجتهد را واداریم که او را «تطهیر» کند.»

حاجی میرزا مصطفی از پسران حاجی میرزا حسن و خود مردی دانشمند می‌بود. گذشته از درس ملایی که در نجف خوانده بود، در ریاضیات و ستاره شناسی یکی از استادان شمرده می‌شد. من کم کسی را با آن دانشمندی دیده‌ام. پسران مجتهد که بی‌ارج و بی‌دانش، بلکه برخی در شمار «الواد» می‌بودند، این در میان ایشان همچون گلی در خارستان می‌بود. چون با آقا میرزا علی مهر ورزیدی، با من نیز آشنا گردیده بود که گاهی در ریاضیات چیزهای دشوار را از و پرسیدمی، گاهی نیز به نشست ما آمدی.

آقا میرزا علی با او، مجتهد را دیدند و چگونگی را گفتند و او خشنود گردیده، چون ماه رمضان می‌بود و به مسجد می‌رفتی گفته بود: «شما روزی حداد را به مسجد من برسانید و بمن آگاهی دهید و من خودم می‌دانم چکار کنم.» چگونگی را به حداد آگاهی فرستاده چنین نهادیم که روز بیست و یکم رمضان که مردم در کوچه‌ها کمتر و در مسجد انبوه تر خواهند بود، من حداد را همراه گردانیده به مسجد مجتهد رویم. آنروز این کار را کردیم. حداد عبا را بسر کشید که کسی نشناسد و از پس کوچه‌ها خود را به مسجد رسانیدیم. پسران مجتهد در پهلوی خود به ما جا دادند که مردم سخنی نگویند. نماز خوانده شد و مجتهد به بالای منبر رفت و از کیش بهایی به سخن پرداخته دلیلهایی از قرآن و حدیث به بیپایی آن یاد کرد و سپس چنین گفت: «من گاهی که شنوم فلان کس بهایی گردیده چنین پرسم: آیا مردی با خرد می‌بود؟!. اگر گویند: با خرد می‌بود، بهایی بودن او را باور نکنم. زیرا کسی با داشتن خرد بهایی نتواند بود. آری گاهی تواند بود که مرد با خردی به میان بهاییان رود برای آنکه رازهای ایشان را بدست آورد. چنانکه یک طلبه فاضلی از چندی پیش با اجازه من، به میان ایشان رفته بود و اکنون که بازگشته رازهای بسیاری از ایشان بدست آورده و کتابی در ردِ ایشان خواهد نوشت که بسیار ارج خواهد داشت....» میر علی اکبر نام «مؤذنی» می‌داشت که در پای منبر نشستی. چون یاد داده بودند از پایین گفت: «آقا، شیخ حسن را می‌فرمائید؟.» مجتهد برآ شفت و گفت:

«خاموش باش، جناب مستطاب عمده الافاضل و العلماء آقا شیخ حسن را می‌گویم».
این را گفت و پس از چند ستایش از حداد به سخنان دیگری پرداخت.

مردم از هر سو به حداد می‌نگریستند، و چون «موعظه و مرثیه» پایان یافت و مجتهد پایین آمد، مردم از هر سو رو به حداد آوردند و دست او را گرفتند و از آنکه او را بهایی شناخته در پشت سر بد گفته بودند، آمرزش خواستند. بدینسان حداد «تطهیر» شد و از فردا آزادانه بزندگانی پرداخت. ما نیز راه‌مان بخانه او باز شد که بارها به میهمانی می‌رفتیم و این داستانها را باز گفته دل خوش می‌گردانیدیم.

چگونه بمدرسه آمریکایی‌ها رفتم؟

این در تابستان سال ۱۲۹۳ (۱۳۳۲) بود. در همان روزها جنگ جهانگیر اروپا[1] آغاز یافت که از یکسو آلمان و اتریش و عثمانی و از یکسو فرانسه و انگلیس و روس و ایتالیا به جنگ و خونریزی برخاستند. این پیشآمد در همه جا تکان پدید آورد. در آذربایجان در دلهای آزادی خواهان امیدهایی پدید آمد و ما به کوششهای خود افزودیم.

در آن دو سال و نیم که از داستان التماتوم و بهم خوردن دستگاه مشروطه می‌گذشت، صمدخان آدمکشیهایش را کرده و ملایان دژخویی‌های خود را نشان داده و اینزمان هر دوی آنها به آرامش گراییده بودند. ولی ماها که آزاد یخواهان می‌بودیم، آن دشواریها را دیده و آن هراسها را کشیده و در سایه پافشاری روز بروز به کوشش افزوده بودیم، و اینزمان دسته بزرگی بشمار می‌رفتیمی که بارها از کسانی از بدخواهان چاپلوسی می‌شنیدیمی.

بهر حال پیشآمد جنگ به شور ما افزوده و جوش و جنب را بیشتر گردا نید. بویژه در سایه آنکه دولت از تهران فشار آورده صمد خان را برداشت و نقیخان رشید الملک را فرمانروای آذربایجان گردانید. در همان هنگامها بود که عثمانیان به آذربایجان رو آوردند و روسیان را پس رانده تا تبریز پیش آمدند. ولی دوباره شکست خورده بازگشتند که این داستانها را در جای دیگری نوشته‌ام.

با این پیشآمدها آذربایجان از میدانهای جنگ شده بود. روسیان پیاپی سپاه و افزار جنگ به اینجا می‌آوردند. ولی فشار آزادیخواهان بسیار کم شده بود. در سال ۱۲۹۴ (۱۳۳۳) من خواستم به مدرسه آمریکاییان (مموریال اسکول) روم. زیرا دانشها را که

---

[1] جنگ اول جهانی.

دنبال می‌کردم خود را نیازمند دانستن یکی از زبانهای اروپایی می‌دیدم. نخست به فرانسه پرداخته بودم که از برخی آشنایان چیزهایی را پرسیده خود یاد می‌گرفتم. ولی از آزمایش دانستم زبان را بی‌آموزگار نتوان آموخت و نشاید[1] آموخت. با کسانی گفتگو کردیم و گفتند انگلیسی آسانتر است ولی باید از آموزگار خواند و از همه بهتر مموریال اسکول است که از دانشها نیز بهره توانید یافت.

این بود روزی بنزد مستر چسپ رهبر (مدیر) آن مدرسه رفتم و چون خواهش خود باز نمودم، گفت: «چون سالتان فزونتر است نتوانیم پذیرفت. ولی اگر آموزگاری مدرسه را پذیرید و به این عنوان بیایید، روزی یکی دو ساعت نیز برای درس خواندن شما بدیده گیریم.»[2] من دیدم این کاریست و مرا از بیکاری نیز تواند رهانید. این بود پذیرفتم. چنین نهادیم که درس عربی گویم و روزی دو ساعت هم درس خوانم. ولی چون پروگرام[3] نوشته شد روزی یکساعت برای درس خواندن بدیده گرفته بودند. ناچار بودم بپذیرم.

چنین نهادم که آنسال را تنها به یاد گرفتن زبان پردازم. از کلاس پنجم آغاز کرده روزی یکساعت انگلیسی می‌خواندم. ولی یکساعت نیز در بیرون درست کردم. بدینسان که میرزا جلیل خان مرندی که از شاگردان بزرگ مدرسه می‌بود و اطاقی در آن نزدیکی اجا ره کرده بود با او نهادیم که ناهار را با هم خوریم، و یکساعت که برای ناهار خوردن در اختیار می‌داشتیم، یکروز او از من درس عربی گیرد و یکروز من ازو درس انگلیس گیرم.

---

[1] نشاید = شایسته نیست.

[2] بدیده گرفتن = در نظر گرفتن.

[3] پروگرام = برنامه.

بدینسان به یاد گرفتن زبان می‌کوشیدم. از آنسو چون روزانه چند ساعتی با آمریکاییانِ انگلیسی زبان و شاگردانِ انگلیسی دان می‌گذرانیدم، هر فرصتی که پیدا می‌کردم از دست نهلیده با سخن گفتن و یا کتاب خواندن به پیشرفت می‌کوشیدم.

از دیربازی از هکماواریان بیکبار رمیده و بریده بامداد از خواب برخاسته پیش از دمیدن آفتاب از آنکوی بیرون می‌آمدمی و شبها پس از شامگاه رفتمی و چه در رفتن و چه در برگشتن آن راه دور را با از بَرکردن واژه‌های انگلیسی به پایان رسانیدمی. در نتیجه این کوشش بود که همان سال در زمینه زبان از کلاس پنج تا کلاس یازده را پیمودم و پیش رفتم.

نیز از چیزهایی که دریافتم این بود که برای یاد دادن زبانی به بیگانگان شیوه‌های (متودی) باید داشت، و از اینجا بود که برای یاد دادن عربی به شاگردان مدرسه شیوه‌ای را برگزیدم که بسیار سودمند درآمد. (سپس کتابی در دو بخش بنام «النجمه الدریه» از روی همان شیوه نوشتم که بچاپ رسید و سالها در دبیرستان‌های تبریز درس خوانده شدی.)

نیز در مدرسه در ماه‌های نخست بود که خودآموزی درباره اسپرانتو (سلف تات)[1] پیدا کرده از بودن چنان زبانی آگاه گردیدم. پرداختن به آن از یکسو به من لذت می‌داد. از یکسو میدان تازه‌ای در برابر اندیشه‌ام باز شده می‌دیدم زبانی در سایه سامان و آراستگی، چندان ساده و آسانست که در یک ماه توان آن را تا اندازه خواندن و نوشتن یاد گرفت و از یکسو چندان تواناست که با زبانهای انگلیسی و فرانسه و عربی همگامی تواند کرد.

---

[1] سلف تات (self taught) = خودآموز.

دسته بندی که در مدرسه رخ داد

در مدرسه آمریکایی گذشته از درس، با داستانهای دیگری برخورد پیدا کردم. شاگردان آنجا که به چند صد تن می‌رسیدند یکدسته مسلمان و یکدسته مسیحی و یکدسته گوران می‌بودند. مسیحیان ارمنیان و آسوریان می‌بودند و در میان آنان با مسلمانان همچشمی و دو تیرگی می‌بود. بویژه در آنهنگام که جنگهای انگلیس و عثمانی در عراق می‌رفت و هر دسته‌ای هواداری از یکسو می‌نمودند. گورانان (یا علی اللهیان) که در تبریز کویی می‌دارند و در اینجا کم نمی‌بودند، بی‌یکسویی[1] نشان می‌دادند. مسیحیان در پیرامون سر آموزگاران ارمنی می‌بودند و مسلمانان از بیسری پراکنده و نابسامان روز می‌گزاردند. یک زمان شادروان سید حسن شریفزاده در این آموزشگاه می‌بوده و پیشرو این شاگردان می‌بوده. سپس که کشته شده میرزا حاجی آقا رضازاده (دکتر شفق) جای او را گرفته بوده. سپس چون این نیز از آموزشگاه بیرون رفته کسی آن جایگاه را نداشته. آموزگاران مسلمان که چند تن میبودند، شاینده[2] اینکار نمی‌بودند.

آنروزها که من تازه رفته بودم از جوش و سهشی[3] که از من دربارهٔ درس خواندن و درس گفتن می‌دیدند شاگردان چشم بسوی من باز کردند و بیش از ده روز نگذشت که با من همبستگی یافتند و به پیرامونم گرد آمدند، و برخی از گورانان نیز گرایشی نشان دادند، و بدینسان نیرویی پیدا کرده با مسیحیان به همچشمی افزودند و خود را به آنان نمودند.[4] من از دشمنی با کسانی و از بودن دو تیرگی در میانه گریزان

---

[1] بی‌یکسویی = بیطرفی.

[2] شاینده؛ شایا = شایسته، لایق.

[3] سهش (بر وزن جهش) = احساس درونی.

[4] نمودن = نشان دادن.

می‌بودم و آنرا با پیشرفت خود در درس ناسازگار می‌شناختم. چه بایستی کردکه رفتار جوانان ارمنی و بدزبانی یکی دو تن از آموزگاران ایشان نچنان می‌بود که جای شکیب و بردباری باشد.

در آن سالها این گروه در بیرون نیز با مسلمانان ایران رفتار بدی می‌داشتند. سیاست دژخویانه نکولا و دژرفتاری‌های فرماندهان سپاهی روس را پشتیبان خود گرفته با همشهریان خود از کینه ورزی باز نمی‌ایستادند. آن همدستی‌ها که در جنگهای مشروطه خواهی در میان مجاهدان مسلمان و فداییان ارمنی در کار بوده و آن جانبازیها که یفرمخان و پتروسخان و دیگران در راه آزادی ایران کرده بودند، در زمان کمی فراموش شده از میان رفته بود.

این یکی از دانستنیهاست که بیشتر ارمنیان توگویی ستمهایی را که در تاریخ خود از ایران و روم و عرب دیده‌اند، همه آنها را از ایران می‌دانند و کینه روم و عرب را نیز از ایرانیان می‌جویند. این داستان مایه شگفت هرکسی تواند بود و آنچه ما دانسته ایم بسیاری از خردمندانِ خودِ آنان از این رفتار بیزارند.

در مدرسه رییس آنجا مستر چسپ، مرد ساده درون و خود مسیحی راستی می‌بود که جدایی میانه مسلمان و مسیحی نمی‌گزاردی. دیگر آموزگاران مسیحی نیز نیک می‌بودند. ولی دو تن از آموزگاران ارمنی رفتار دلخراش می‌داشتند. با من هم کینه می‌ورزیدند.

همان روزهای نخست بود که شاگردان گله کرده گفتند: «یک شاگرد مسلمان مسیحی گردیده خود را هنری می‌نامد و این به ما بر می‌خورد». من چون جستجو کردم دانسته شد آن شاگرد پسر میرزا حسین طبیب خوییست. شادروان میرزا حسین از آزا دیخواهان می‌بوده و چون در جنگهای مشروطه خواهی خوی بدست سپاه ماکو افتاده او را گرفته به زندان سپرده اندکه فردا به دهان توپ گزارند. آن شادروان شبانه خود را کشته و از چنان مرگ هراسگین آسوده گردانیده و ما داستان او را در تاریخ مشروطه نوشته ایم.

پس از مرگ او این پسر که نامش ادریس می‌بود، بی‌نگهدار مانده بوده. عمویش به تبریز آورده به مدرسه آمریکاییان سپرده، که نگهداشته مهر بانی نشان داده‌اند و در نتیجه این بوده که این بچه ساده دل مسیحیگری نموده و خود را هنری نامیده.

چون داستان را دانستم گفتم بهتر است او را بحال خود گزاریم. سپس در درس نیز او را یکی از باهوشترین و کوشاترین شاگردان دیدم. شگفت این بود که از همان روزهای نخست به من و درسهایم دلبستگی بسیار می‌نمود و باشد که دو هفته نگذشت که مسیحیگری و هنریگری را رها کرد و خود به ما پیوست و تا روزهای آخر دلبستگی با من می‌داشت. سپس نیز که بزرگ گردید به اروپا رفته و در آلمان بازرگانی آغاز کرده بود (که باشد خوانندگان آگهی‌های او را در روزنامه‌ها بنام ادریس حسینزاده خوانده‌اند) با من نامه نویسی می‌داشت و یکبارکه به تهران آمد، بارها بدیدن من آمد و با هم نشستها داشتیم.

از شاگردانی که آنروزها در مدرسه آمریکاییان بوده‌اند و اکنون هریکی مردی می‌باشد یکی میرزا جلیل خان مرندی (هاشمزاده که چندی پیش رییس کشاورزی ارومی می‌بود)، دیگری ابوالفتح خان نوهٔ رفیع الدوله (در دارایی تبریز یکی از کارکنان ارجمند است)، دیگری حسین خان مراغه‌ای نوه سردار مؤید (سروان حسین مقدم در ارتش آذربایجان است)، دیگری میرزا لطفعلی خواهرزاده حاجی ذکاء الدوله (اکنون در آمریکا ست و وکالت می‌کند)، دیگری جعفر قلی خان جوانشیر (تا چند سال پیش بازپرس سیاسی شهربانی می‌بود)، دیگری میرزا اسماعیلخان (آقای حیرت که در حسابداری ارتش تبریز است) می‌باشند. اینها از کلاسهای بالاتر می‌بودند که نامهاشان در یادم مانده. برخی از اینان در کوششهای آزاد یخواهانه بیرونی نیز با من همگام می‌بودند.

گذشته از شاگردان آموزگاران مسلمان نیز، از کلاهی و دستاری،[1] با من مهربانی می‌نمودندی و پیروی نشان دادندی. تنها ناظم آموزشگاه که از مسلمانان می‌بود از رشک خودداری نمی‌توانست و از بدگوییها باز نمی‌ایستاد. اینمرد بیست و هفت سال در این آموزشگاه بسر برده و با اینحال یک جمله انگلیسی نمی‌دانست، و این شگفتر که بجای آنکه من به کودنی او خرده گیرم او پیش افتاده به شور و سرگرمی من ایراد می‌گرفت. کوشش من به خواندن انگلیسی در نزد او گناهی می‌بود. در همان روزهای نخست که من با شاگردان گاهی به انگلیسی به گفتگو می‌پرداختم و جمله‌هایی را راست یا غلط می‌گفتم، به او بر می‌خورد و چنین می‌گفت: «چه خبر است مگر؟!... نرسیده می‌خواهی زبان یاد بگیری.» در نشستها نیز گاهی بی‌هیچ شوندی[2] با من پرخاش می‌کردی و ایراد گرفتی.

---

[1] دستار = عمامه.

[2] شوند (بر وزن بلند) = سبب، موجب.

گفتگوهایی که با بهاییان میداشتم

در آخرهای سال ۱۲۹۴ یا در آغازهای سال ۱۲۹۵ (۱۳۳۴) بود که شنیدم دو تن «مبلغ» بهایی از تهران آمده‌اند و اینها به شاگردان مدرسه راه پیدا کرده «تبلیغها» می‌کنند. خود شاگردان اینرا گفتند. چون اینان جوانان با فرهنگ می‌بودند که به یک مبلغ بهایی یا مسیحی بجای پاسخ دشنام نگفتندی، از این رو مبلغان به اینان بیشتر گراییدندی. من گفتم: بهتر است یکی دو نشست من نیز باشم. چنین نهادیم به نشیمنگاه میرزا جلیل خان بیایند. یک عصری آمدند. یکی از ایشان نامش میرزا مهدی، و دیگری که نامش از یاد من رفته بود چون چند سال پیش کتاب صبحی بیرون آمد، دانستیم همین صبحی می‌بوده.

در هکماوار که ما می‌نشستیم هم بهاییان و هم ازلیان می‌بودند، و چون چندتن از ایشان به فرشبافی یا به فرش فروشی پرداختندی با پدرم آشنایی داشتندی. پدرم با آنان مهربانی نمودی و بارها ما بخانه آنان رفتیمی. از اینرو من سخنان ایشان را بسیار شنیده بودم. سپس نیز که داستان حداد رخ داد و او فرائد و دیگر کتابهارا به من داد، همه را نیک خواندم. می‌باید بگویم: تاریخ باب و بها و ازل را نیک شناخته ولی در میان دو چیز سازش نیافته بودم: از یکسو جانفشانیهای بسیار مردانه بابیانِ نخست از ملا حسین بشرویه‌ای و حاجی ملا محمد علی بار فروش و ملا محمد علی زنجانی و قره العین و حاجی سلیمان خان و دیگران که جای گمانست که آمیغ‌هایی[1] را دیده و در راه آنها می‌بوده که به چنان جانبازیهای مردانه می‌کوشیده‌اند، و از یکسو نوشته‌های باب که هیچ معنایی نداشته و رویهمرفته به آشفته گویی مانند‌ه تر می‌بوده. این یک چیستانی[2] در دل من شده بود. با این حال چون می‌شنیدم بهاییان «مبلغان»

---

[1] آمیغ = حقیقت.

[2] چیستان = معما.

می‌دارند، که به همه جا می‌روند می‌پنداشتم باری[1] سخنان گیرایی می‌دارند، و خود در شگفت شدم هنگامیکه دیدم این مبلغان بجای دلیل حدیث می‌آورند: «یأتی بشرع جدید و کتاب جدید».[2] یا شعر حافظ می‌خوانند:

«شیراز پر غوغا شود شکر لبی پیدا شود.» نیز در گفتگو در هر کجا که در می‌مانند آنرا نا انجام گزارده به سخن دیگری می‌پردازند.

چند روز دیگر نشستی دیگر برپا شد و آن نیز بی‌هیچ نتیجه به پایان رسید. تنها نتیجه این شد که شاگردان دیگر به سراغ آنان نرفتند.

از آن نشستها من می‌دانستم که این مبلغان سخنی با دلیل ندارند و اگر گفتگو از راهش پیش رود درمانند. چندی پس از آن میرزا اسماعیل خان که از آن نشستها آگاهی نمی‌داشت روزی با من گفت: «سخنی هست می‌خواهم در تنهایی به شما بگویم.» گفتم برویم در باغ گام زنیم.[3] چون رفتیم چنین به سخن پرداخت: «یک نشست بهایی هست که من چند بار رفته‌ام، سخنان بسیار شیرین می‌گویند. بهتر است یکروز با هم برویم». دانستیم که به بهاییان گرایش پیدا کرده. گفتم: روزی را برگزینید و به من آگاهی دهید.

یکروز یکشنبه که مدرسه بسته می‌بود با هم رفتیم. سپس دانستم که خانه منیر دیوان می‌بوده که یکی از مبلغان بنام بهایی شمرده می‌شد و ما چون رسیدیم تنها می‌نشست. میرزا اسماعیل خان گفت: این استاد ماست می‌خواهد با شما گفتگو کند. منیر دیوان خشنودی نموده خواست به سخنی پردازد، گفتم: من تاریخ دین شما را بسیار خوانده‌ام و نیازی به سخن ازآن باره‌ها نیست. من تنها برخی پرسشها می‌دارم که می‌خواهم شما به آنها پاسخ دهید و من می‌خواهم دو شرطی با شما کنم:

---

[1] باری = لااقل، اقلاً.

[2] پارسی سخن: «می‌آید با راه تازه و نامه تازه»

[3] گام زدن = قدم زدن.

نخست آنکه هم پرسش من و هم پاسخ شما ساده باشد که «شرح و مقدمه» نخواهد.

دوم، هم پرسش و هم پاسخ نوشته شود.

همه اینها را پذیرفت و میرزا اسماعیل خان مداد و کاغذ بدست گرفت که پرسش و پاسخ را بنویسد.

گفتم: «نخست می‌پرسم: علت تجدید نبوت چیست؟!. یک پیغمبر که آمده چرا دوباره دیگری بیاید؟!..»

گفت: «چون یک نبی که می‌آید شریعتی موافق آنزمان می‌گزارد و سپس که زمان تغییر می‌یابد باید یکی دیگر برخیزد و شریعتی نوین مطابق اقتضای زمان بگزارد.»

گفتم: «پس به عقیده شما هر شریعتی باید مطابق زمان باشد.»

گفت: «البته.»

گفتم: «آیا نقطه اولی[1] نبی بوده یا امام؟!..»

در اینجا به یک پاسخ درازی پرداخت در این زمینه که «اینها اصطلاحات مردم است، در نزد خدا همه مظاهر یکی هستند.»

گفتم: «از زمینه سخن بیرون نروید. مقصودم آنست که نقطه اولی شریعتی آورده یا نه؟..»

گفت: «آری.»

گفتم: «پس بهتر است شریعت او را بسنجیم که آیا مطابق زمان بوده یا نه؟..»

گفت: «بسنجید.»

گفتم: «کتابش را بدهید تا کمی بخوانیم و آگاه گردیم و بسنجیم.»

گفت: «ماکتاب او را نمی‌داریم.»

---

[1] نقطه اولی = منظور «سید محمد علی باب» است.

گفتم: «بفرست از خانه «احباب»[1] بیاورند.»

گفت: «هیچکس نمی‌دارد.»

گفتم: «چرا؟..»

گفت: «چون نسخ شده.»

گفتم: «شما بالا سرتان توریت و انجیل و قرآن را که جلوتر از آنست و به عقیده‌تان هم نسخ شده، پهلوی هم چیده‌اید. پس چرا تنها بیان[2] را نمی‌دارید؟!..»

گفت: «مولای ما نگهداشتن آنرا نهی کرده.»

گفتم: «بهر حال آیا شریعت او مطابق زمان بوده؟..»

گفت: «البته[3] بوده.»

گفتم: «پس در آنحال چه شوندی داشته که سیزده سال دیگر بهاءالله برخیزد و شریعت نوی که با آن بیکبار ناسازگار است بیاورد؟!. مگر در سیزده سال خواهشهای زمان دیگر گردد؟!..»

گفت: «ما که نمی‌توانیم به خدا ایراد گیریم.»

گفتم: «هنوز دانسته نیست که از خداست. ما هنوز می‌خواهیم بدانیم که از خدا بوده یا نه؟ تو خودت گفتی که «علت تجدید تغییر زمانست.» خودت گفتی که «هر شریعتی باید مطابق زمان باشد.» اکنون چرا از سخن خود باز می‌گردی؟!.»

گفت: «به ما اجازه نداده‌اند که در چنین مباحثی وارد گفتگو شویم.»

گفتم: «پس به این پرسش من که پاسخ خواهد داد؟..»

---

[1] احباب = دوستان.

[2] کتاب بیان = کتاب شریعت محمد علی باب که ناتمام مانده.

[3] البته = هر آینه.

گفت: «من که نمی‌دانم که پاسخ خواهد داد. من می‌نویسم به مرکز امر، خودشان پاسخ دهند..»

گفتم: «بنویسید. ولی تا چند گاه پاسخ آید؟..»

گفت: «چون زمان جنگ است، شش ماه خواهد کشید. شما نشانی خود را بدهید تا هر پاسخی آمد به شما برسانم». من چون نشانی خودم را گفتم، گفت: «اکنون دانستم شما کیستید. اگر از پیش شناخته بودمی به گفتگو درنیامدمی. شما با آقا میرزا مهدی نیز گفتگو کرده اید: در هر ظهوری کسانی همچون شما که به دانش خود مغرورند، عقب مانند و قابل هدایت نباشند.»

گفتم: این سخنتان نیز راست نیست. شما اگر به این یک پرسش، از خودتان یا از دیگری پاسخی دهید خواهید دید که من خواهم پذیرفت.

با این سخن نشست پایان یافت و ما برخاستیم. میرزا اسماعیل خان که از خنده خودداری نمی‌توانست و همه راه را می‌خندید خَستوان[1] می‌بود که به گفته‌های بهاییان گراییده بود. و از این نشست و گفتگو که مایه بیداری او شده بود خرسندی می‌نمود. هنوز یاداشتهای آنروز در میان کاغذهای من باز می‌ماند.

---

[1] خَستوان = معترف.

چگونه به قفقاز رفتم؟

بدینسان سال نخست آموزشگاه با خوشی می‌گذشت، و چون شاگردان آزمایش دادند درسها پایان پذیرفت. ولی ملایان در بیرون میدان را برای من بسیار تنگ گردانیده بودند. رفتن من به مدرسه آمریکایی و زبان انگلیسی خواندنم دستاویز دیگری در دست آنان شده بود و با بیشرمی چنین می‌گفتند: «رفته در آنجا درس بابی می‌خواند.» این سخن که به دهان زنان و مردان افتاده بود بیش از همه مایه افسردگی مادرم میشد.

چون تا اینجا از مادرم چیزی نگفته‌ام چند جمله می‌نویسم: مادر من، خدیجه خانم، زنی بیسواد و از یک خانواده کشاورزی می‌بود. ولی هوش و فهم بسیار می‌داشت. سخن کم گفتی و کار بسیار کردی. در همه هکماوار دو تن زن می‌بودندکه در رخت دوختن و دستکش و عرقچین بافتن و گلدوزی کردن، و همچنین در پختن خوراکهای بسیار ستوده بنام می‌بودند، یکی مادر من، یکی زن حاجی گلی که نامش را برده ایم. در خانه داری مانند مادرم را تا کنون ندیده‌ام. پدر و مادرش هر دو سال یکبار، به کربلا رفتندی و آنرا کاری بسیار نیک شمردندی. ولی مادرم سخنان پدر مرا آموخته و به آن کارها ارج نگزاردی. از پدر و مادر و برادر و خواهرانش نیز جدایی نمودی. از هنگامی که برادرانم را به دبستان می‌فرستادم، او هم به این آرزو افتاده بود که در چهل و چند سالگی الفبا خواند. ولی گرفتاریها نمی‌گزاشت. سرگذشت من و آزارهایی که از ملایان و دیگران می‌دیدم برای او اندوه بزرگی شده بود، و چون نام «بابی» و مانند اینها را می‌شنیدی بسیار افسرده می‌گردیدی. آن ملای هکماواری، بدخواهی را از اندازه گذرانیده کسانی را به کشتن من نیز بر می‌انگیخت.

بارها خواسته بودم که از هکماوار بیرون آمده در کوی دیگری نشیمن گیرم. مادرم خرسندی نمی‌داد و بدینسان هم مرا و هم خود را دستخوش آزار مردم نافهم و نادان آنکوی نگه میداشت.

تا مدرسه می‌بود سرگرمی به درس و دیدار شاگردان مایه دلداری برای من می‌بود. ولی چون مدرسه بسته گردید سختی جایگاه خود را دریافته بهتر دانستم سفری کنم، و چون روس‌ها راه قفقاز را تا تبریز رسانیده بودند که همانسال پایان یافته بود،گفتم به قفقاز روم و در یکی از شهرهای آن جا بکاری پرداخته بمانم و چون پایدار گردیدم خانواده خود را نیز بخواهم. آنچه مرا در این اندیشه استوار گردانید آن بود که در نتیجه آن پیشامد بیماری و رفتن خون از دماغم بسیار بی‌خون و ناتوان می‌بودم و پزشکان سفر را بهترین چاره‌ها می‌ستودند.

بهمین عنوان مادرم را خرسند گردانیدم، و چون پول نمی‌داشتم از شادروان حاجی عباس وامی گرفتم. در آن یکسال از پولیکه از مدرسه می‌گرفتم بسیاری از وام‌هایم را پرداخته بودم. اینهنگام ناچار شدم و دوباره وامی گرفتم و گویا روز یازدهم تیرماه ۱۲۹۵ (یکم رمضان ۱۳۳۴) بود که در ایستگاه به برادرانم و دیگران بدرود گفته و به راه آهن نشسته روانه گردیدم.

در این واگون دو تن از آشنایان می‌بودند: حاجی میرزا مصطفی پسر مجتهد که برای درمان رماتیسم به آبهای کانی[1] باکو می‌رفت، آقا میرزا علی هیئت که با چند تن از ملایان به مشهد می‌رفتند. من نزد آنان نرفته در اتاقی تنها نشستم و یک افسر روسی با من نشست. کم کم با او آشنا گردیده خواستیم با هم به گفتگو پردازیم نتوانستیم. چه من از روسی بیش از چند جمله نمی‌دانستم. او نیز ترکی یا فارسی نمی‌دانست. پرسید: «فرانسه می‌دانی؟». گفتم: «نه». من پرسیدم: انگلیسی می‌دانی؟. گفت: «نه». با همدیگر خندیدیم.

---

[1] کانی = معدنی.

چون واگن آهسته می‌رفت ما می‌بایست شش ساعت با هم باشیم تا به جلفا برسیم. من بهتر دانستم آن چند ساعت را به یاد گرفتن روسی ازو پردازم که هم بیکار نباشیم و هم من سود جویم. این بود مداد و دفتر درآوردم و چیزهایی را به او نشان داده نامش را می‌پرسیدم و می‌نوشتم. مثلاً دستش را گرفته، می‌گفتم: «ایتواچتو؟». و او پاسخ می‌گفت. بدینسان تا جلفا صد واژه بیشتر یاد گرفتم. برخی جمله‌ها نیز یادداشت کردم.

شب را به جلفا رسیده خوابیدم. در واگونِ فردا که تا الکساندراپول می‌بایست رفت، مردم انبوه می‌بو دند و زبانهای گوناگون از ترکی و ارمنی و گرجی و روسی سخن گفته می‌شد. دلخوشی من از جمله‌های روسی میبود که می‌شنیدم و به یاد می‌سپاردم. درآنجا نیز آموزگاری پیدا کردم. با یک زن و شوهر آمریکایی که از مسیونرها می‌بودند و سالها در پتروگراد زیسته روسی را نیک می‌دانستند آشنا گردیدیم. دانسته شد که برای «کنفرانس» به تبریز آمده بوده‌اند و باز می‌گردند. و چون دانستند من از آموزگاران مدرسه باهماد[1] ایشان بوده‌ام مهربانی کردند. گفتم: خواهشمندم پرسشهایی که درباره زبان روسی می‌دارم بمن پاسخ دهید. پذیرفتند، و من تا شب چیزهای بسیاری از ایشان یاد گرفتم.

شب نیمشب به الکساندراپول رسیدیم. در همان ساعت واگون دیگری از مرز خواستی رسید که ما می‌بایست سوار آن شویم، و چون واگون پر از سالدات[2] آمد، همه نتوانستند سوار شوند. من با گروهی بازماندیم. یک بازرگان تبریزی پسر هشت ساله خود را زمین گزارده خود سوار شده بود و آن پسر می‌گریست و فریاد می‌کشید. من او را بنزد خود آورده، گفتم تو را برده به پدرت رسانم. چند تن از ملایان و دیگران نیز که می‌بودند بسر من گرد آمدند. من رفته گفتگو کردم. گفتند:

---

[1] باهماد = جمعیت.

[2] سالدات = سرباز به زبان روسی.

نزدیک بامداد واگن دیگر خواهد آمد، شما را سوار آن کنیم. هنگام بامداد این واگون آمد و ما همه سوار شدیم. واگون آهسته می‌رفت و من به تماشای آن کوهها و دره‌های دلکش می‌پرداختم و لذت می‌بردم. ولی در هر ایستگاهی مرا برای پرسش درباره آن پسر بازرگان که بلیط و گذرنامه نمی‌داشت پیاده می‌گردانیدند و این مرا فرصتی بود که جمله‌های روسی را که یاد گرفته بودم بکار برم، و چون گاهی نیز واژه‌ها را عوضی می‌گفتم، مایه خنده و شوخی می‌شد.

آن شب یا شب فردایش به تفلیس رسیدیم. من در آنجا خودآموزی (ساما اوچیتل)[1] خریده درس روسی را دنبال کردم. در اینجا دو روز مانده به باکو رفتیم. در باکو آشنایان بسیار داشتم، ولی کاری پیدا نکردم. از آنجا به کشتی نشسته به عشق آباد رفتم. می‌خواستم به سرخس بروم کسانی گفتند: جای کوچکی است. بهتر دانستم به مشهد روم و آنجا را نیز دیده بازگردم. با آقا میرزا علی همراهی نموده از راه «خاکستر» روانه مشهد شدیم. چهار روز با استر از جنگلها و کوهها می‌گذشتیم. در مشهد یکماه مانده بازگشتم. این بار نیز در باکو چند روزی جستجو کارکردم. ولی فیروز نگردیده آهنگ تفلیس کردم.

---

[1] ساما اوچیتل = خودآموز به زبان روسی.

چگونه در تفلیس درنگ کردم؟

در تفلیس این بار زمینه نیکی پیش آمد. چگونگی آنکه اسماعیل حقی که از آزادیخواهان بسیار تندرو می‌بود، مغازه‌ای برای کتابفروشی می‌داشت. من یکی دو بار برای کتاب خریدن به مغازه‌اش رفتم. چون از سخنان من مرا آزادیخواه شناخت، از در دوستی درآمد و در زمان کمی مرا با آزادیخواهان آنجا آشنا گردانید. در قفقاز در آن هنگام با همه سختگیری‌های دولت تزاری، آزادیخواهان از مسلمان و گرجی و روس با یکدیگر همدست و همراز می‌بودند. درآنروزها یکدسته از خانهای اوجارا[1] در تفلیس می‌زیستند. اینان که خاکشان نزدیک به سر حد عثمانی می‌بود، به یاری آن دولت برخاسته با روسیان جنگیده و کاری نتوانسته دستگیر افتاده به تفلیس آورده شده بودند که برخی آزاد و برخی هنوز دربند می‌زیستند. کسانی از اینها نیز با من همبستگی یافتند و همه گونه دلبستگی نشان می‌دادند.

با این همبستگی‌ها به آن شدم که در تفلیس بمانم و در یکی از آموزشگاه‌های روسی یا ایرانی درس گفته زندگانی کرده، در آنمیان کوششهای آزادیخواهانه را دنبال کنم. از تفلیس و از مردمش بسیار خوشم می‌آمد. از مردم مهربانی و خونگرمی بسیار می‌دیدم. از آنسو از رشته دانشها باز نایستاده گذشته از زبان روسی که دنبال می‌کردم روزی چند ساعت به باغ گیاه شناسی (ژاردن بوتانیک) که جایی بسیار بزرگ و بسیار دلکش می‌بود رفته با گردش و جستجو درباره درختها و گیاهها بسر می‌بردم. شبها نیز به نشستهای آزادیخواهان رفته برای شام خوردن و خوابیدن به میهمانخانه باز می‌گشتم. در تندرستی نیز بسیار پیش رفته بودم که هر کسی می‌دید از خشنودی باز نمی‌ایستاد.

---

[1] اوجارا نام مکانیست.

از داستانهایی که در آنجا رخ داده و می‌باید نویسم آنست که روزی در مغازه اسماعیل حقی نشسته بودم جوانی شاپو بسر و رخت پاکیزه به تن، از در درآمد. اسماعیل او را چنین شناسانید: «محمد افندی خواهر زاده عمر فائق است (عمر فائق از نویسندگان بنام ملا نصرالدین می‌بود). در استانبول فقه خوانده، از قضات عدلیه است، همچون شما قرآن را از بر می‌دارد ...». اینها را گفت و مرا با او آشنا گردانید، و چون نشیمنگاه من در میهمانخانه نزدیک بود، هر دو به آنجا رفتیم که بنشینیم و گفتگو کنیم. سه ساعت بیشتر با هم نشسته سخن از اسلام و از تاریخ و از بدبختی مسلمانان راندیم. در همه زمینه‌ها همداستان می‌بودیم. چون برخاستیم محمد افندی با یک شگفتی چنین پرسید: «سیدافندی پس من شنیده بودم ایرانیان رافضی هستند؟!...» گفتم: «من نیز شنیده بودم شماها ناصبی هستید. رافضی و ناصبی برای من و شما نیست. برای کسانیست که خردهای خود را داور نمی‌گردانند». این را گفته از هم جدا شدیم.

جای افسوس بود که شهریور پایان یافت و آموزشگاه‌ها گشاده شد و من کاری برای خود پیدا نکردم. این مرا سخت می‌آزرد. چند تن از بازرگانان می‌گفتند: «ما دررفت[1] تو را به گردن گیریم.» می‌گفتم من از مفتخوری گریخته‌ام و همیشه خواهم گریخت.

مهرماه از نیمه گذشت و در همان روزها نامه‌ای از مسترچسپ رئیس مدرسه آمریکایی از تبریز رسید که می‌نوشت چون شاگردان پارسال در درسهای شما خوب پیش رفته بودند، آموزشگاه از شما ارجشناسی می‌کند و یک چهارم به ماهانه شما افزوده خواهد شد، و چون شاگردان شما را می‌خواهند کسی به جایتان گزارده نشده، یا زود باز گردید یا با تلگراف آگاهی دهید.

---

[1] دررفت = هزینه، خرج.

این نامه مرا به یاد تبریز انداخت. نه می‌توانستم از تفلیس دل برکنم و نه می‌توانستم تبریز را فراموش کنم. دو روز با دو دلی گذرانیدم. ولی روز سوم تلگرافی از مادرم مرا از دو دلی بیرون آورد. مادرم پس از من بی‌تابی بسیار می‌نموده و کم کم کارش به بیماری کشیده بود. در این تلگراف می‌گفت: «اگر زود نیایید مرا نخواهید دید.» تلگراف را چون باز کردم و در پای آن نام مادرم را خواندم چندان بی‌تاب شدم که تلگراف از دستم افتاد، و چون برداشتم خواندن نتوانستم. میرزا آقا نام از جوانان درس خوانده و نیک تبریز که با من می‌بود آنرا گرفته برایم خواند. جمله‌های آن مرا چندان سهانید[1] که از همان ساعت به اندیشه بازگشت افتادم.

ولی هیچ پول نمی‌داشتم. روزی که به تفلیس رسیده بودم پول کمی می‌داشتم که پایان پذیرفته بود. همان روزهای نخست که تهیدستی آینده خود را پیش بینی می‌کردم به میرزا جعفر آقا خامنه‌ای که اینزمان در قفقاز می‌بود نامه نوشته بیست منات[2] خواسته بودم. ولی یکماه بیشتر گذشت و پاسخ نرسیده و من نومید شده بودم. اکنون می‌اندیشیدم چه کنم و از که وام خواهم. صدها آشنا از بازرگانان و دیگران می‌داشتم. ولی سزا نمی‌شماردم از آنان وام خواهم. با این اندیشه از پله‌ها پایین می‌رفتم دیدم مردی بالا می‌آید و نام مرا می‌پرسد و چون رسید چنین گفت: «دو هفته است پی شما می‌گردم. همه مهمانخانه‌ها را گردیده‌ام. از قفقاز صد منات برات[3] بنام شما رسیده...» از گفتن بی‌نیاز است که این سخن چه سُهِشی[4] در من پدید آورد.

---

[1] سُهانیدن = متأثر گردانیدن، برانگیختن احساسات درونی.

[2] مُنات = واحد پول روسیه شوروی.

[3] برات = سفته.

[4] سهش = احساس درونی.

صد مُنات را گرفتم و دوباره به مهمانخانه بازگشتم و چون ۴۵ روز در آنجا بوده و شام و ناهار و چای خورده پولی نپرداخته بودم، نخست حساب آنجا را پرداختم. رویهمرفته روزی نیم مُنات در رفتِ زندگانیم شده بود. سپس به ایستگاه شتافته با هر سختی بود بلیتی خریدم. از آنجا به مغازه اسماعیل رفته مقداری کتاب خریدم. (از جمله ده جلد هوپ هوپ نامه خریدم که به دوستان در تبریز ارمغان گردانم.)

بازگشت بتبریز

همان شب از تفلیس روانه گردیدم. واگون پر از سالدات می‌بود که به آذربایجان فرستاده می‌شدند. دو روز دیگر شبانه به تبریز رسیدم. همان شب مادرم دو بار غَش کرده بوده است. دو سه روز با دیدار دوستان و کارهای خود گذرانیدم. سپس به مدرسه رفتم. شاگردان با شادی و خرمی پذیرایی نمودند. مدرسه ماهانه‌های ماههای گذشته را پرداخت و ارجشناسی بسیار از من کرد.

بایستی امسال به دانشها پردازم و درسهای کلاس دوازده را آماده گردانم و سرِ سال آزمایش[1] دهم. لیکن در خود خواهش چنان کاری نمی‌دیدیم، و تو گویی چیزی مرا از آن باز می‌داشت.

راستی هم آن بود که ۴۵ روز درنگ در تفلیس و آن کوششهای جانبازانه آزادیخواهان روس و گرجی و مسلمان آنجا تکان سختی بمن داده بود. تو گفتیی از آمدن پشیمان شده بودم و می‌خواستم بازگردم. در تبریز چون فشار کم شده بیم از میان رفته بود، آزادیخواهان دسته بندیهایی آغاز کرده بودند و این بیشتر مرا ناآسوده می‌گردانید. هر چه بود امسال به درس خواندن نتوانستم پرداخت.

در این میان در مدرسه دو تیرگی مسلمان و ارمنی رویه[2] سختی بخود گرفته یک کشاکش بی‌معنایی بعنوان هواداری از انگلیس یا عثمانی (که در عراق می‌جنگیدند) در میان ایشان می‌رفت. همه زمستان با این کینه ورزیهای بیهوده می‌گذشت. در آخرهای اسفند روزی من در کلاس می‌بودم، یکی از آموزگاران ارمنی در میان درس جمله‌های ریشخند آمیزی گفت. من خاموش ننشسته پاسخ گفتم و با خشم و

---

[1] آزمایش = امتحان.

[2] رویه = صورت، ظاهر.

رنجش بیرون آمدم. فردا که روز آخر سال هم می‌بود یکی از شاگردان گوران بنام علی اکبر که زبان ارمنی می‌دانست به من آگاهی داد که چند تن از جوانان ارمنی می‌خواهند هنگام بیرون آمدن از آموزشگاه به شما آسیبی رسانند.

من بی‌آنکه چگونگی را به شاگردان مسلمان گویم و کار را به زد و خورد رسانم، بهتر دانستم آهسته خود را بیرون اندازم. هنگام عصر چون درس‌ها پایان پذیرفت، من از در دیگر آموزشگاه بیرون رفتم. ارمنیان فهمیده دنبالم کرده بودند. در بازار که رسیدم عبایم را از دوشم ربودند و بیش از این گستاخی نتوانستند و بازگشتند. من در همانجا به کلانتری رفته، خودِ کلانتر را همراه برداشته به آموزشگاه بازگشتم. پیش از رسیدن من در آنجا غوغایی برخاسته حسین خان مقدم که از شاگردان شبانه روزی می‌بود، تپانچه درآورده ارمنیان را بیم داده بود. من چون رسیدم خود به جلوگیری کوشیدم. از آنسوی مستر چسپ آگاهی یافته از در پوزش درآمد و فرستاد عبای مرا بازگرفت.

من به آن بودم که دیگر به آموزشگاه نروم. چه می‌دانستم که اگر بروم کار با ارمنیان به زد و خوردها خواهد انجامید و در آن هنگام اینرا نمی‌پسندیدم. در روزهای نوروز دو نامه از مستر چسپ رسید که به هیچ یکی پاسخی ندادم. چون نوروز گذشت و مدرسه باز شد، هم شاگردان بزرگ و هم آموزگاران مسلمان از درس خواندن و گفتن باز ایستادند و از مدرسه پا کشیدند. داستان بسیار درازاست، ما چون دانسته بودیم مسلمانان به آن مدرسه برای یاد گرفتن انگلیسی می‌آیند، با نداشتن سرمایه و پشتیبان چنین می‌خواستیم که بکوشیم که مدرسه‌ای برای آموختن انگلیسی برپا و مردم را بی‌نیاز از آن مدرسه گردانیم. در این زمینه می‌کوشیدیم. یکماه بیشتر مدرسه در حال «نیمه بستگی» می‌بود و کسی از ما به آنجا نمی‌رفت. مستر چسپ نامه‌ها به من می‌نوشت و ناظم مدرسه را بنزد شاگردان و آموزگاران می‌فرستاد و ما پروا نمی‌نمودیم. تا روزی که در ششکلان در خانه حاجی نظام الدوله نشستی برپا کرده بودیم، ناگهان دیدیم مستر چسپ با آن چند جوان ارمنی از در

درآمدند. مستر چسپ بودن این نشست را دانسته و آنها را برداشته برای پوزش آمده بود.

مستر چسپ مرد نیکی می‌بود و من او را دوست می‌داشتم و این بود نتوانستم که در اینجا نیز خواهش او را نپذیرم. به انگلیسی با من گفت: «اینها بد کرده‌اند. ولی گناه مدرسه ما چیست که اینهمه نابسامانی می‌بیند؟!...» سپس ارمنیان را واداشت که از من آمرزش خواستند. چنین گفتم که شاگردان و آموزگاران از فردا بروند ولی من دیگر نباشم. گفت: شاگردان سوگند خورده‌اند که اگر شما نیایید درس نخوانند، گفتم: تنها یکروز آمده دیگر نیایم. گفت: «به درسهاتان دریغتان نمی‌آید؟!...». گفتم: دلشکسته گردیده‌ام.

از فردای آنروز شاگردان رفتند و من نیز یک روز را رفته از فردایش پا کشیدم. بدینسان درس خواندنم در زمینه دانشها نا انجام ماند.

چگونه بدموکراتها پیوستم؟

پس از بیرون آمدن از مدرسه آمریکایی بیکار می‌بودم، و چون در آن مدرسه شیوه‌ای «متودی» برای آموختن زبان عربی به ایرانیان برگزیده و آنرا آزموده بودم، در این روزهای بیکاری کتاب کوچکی بنام «النجمه الدریه» از روی همان شیوه در دو بخش پرداختم که می‌باید گفت نخست بار بود که در ایران کتابی از روی شیوه‌ای نوشته می‌شد، و چون می‌خواستم آنرا بچاپ رسانم برای دیدن اداره فرهنگ فرستادم. دکتر اعلم الملک که رئیس فرهنگ آذربایجان می‌بود و خود مرد با نوازش و مهربانیست، آنرا پسندیده و از اینکه من عربی را به اندازه نوشتن می‌دانم خشنود شده پیام مهر و نوازش فرستاده بود، و چون آنرا چاپ می‌کردم دستیار او میرزا نصرالله خان که جوان با دانشی می‌بود (و اکنون در تبریز یکی از پزشکانست) ستایشی (تقریظی) به آن افزود. آشنایی من با ادارهٔ فرهنگ آذربایجان از اینجا آغاز یافت.

در این میان در تبریز دیگرگونیهای بسیاری رخ می‌داد. زیرا در همانسال ۱۲۹۶ (۱۳۳۵) بود که شورش بزرگ روسیه رخ داد. امپراتور نکولا از تخت برافتاده دستگاه خودکامی و ستمگری او برچیده شد، و این یک تکان بزرگی در همه جای ایران، بویژه در آذربایجان و بویژه در تبریز، پدید آورد. زیرا تبریز که از شش سال پیش به زیر فشار خودکامگی[1] و جهانگیری تزار افتاده، از یک سو از کارکنان آن دولت و از صمدخان آن ستمها را دیده و از یکسو از ملایان مردم آزار آن همه رنجها کشیده بود. اکنون ناگهان و نابیوسان[2] خود را آزاد می‌یافت. همان سالداتها و قزاقها که دیروز افزار فشار دولت تزاری می‌بودند، امروز دست بسوی آزادیخواهان دراز کرده

---

[1] خودکامگی = استبداد.

[2] نابیوسان = بر خلاف انتظار.

می‌گ فتند: «بیایید برادری کنیم! بیایید دست بهم دهیم!.» این یک پیشامد بسیار بزرگ و برای آزادیخواهان تبریز مژده بسیار گرانبها می‌بود. من چون اینها رادر تاریخ هجده ساله آذربایجان نوشته‌ام در اینجا به آنها نمی‌پردازم.

اینرا هم در تاریخ نوشته‌ام که از همان روزهای نخست آزادی، شادروان خیابانی با همدستی کسانی از بازماندگان دسته دموکرات، دوباره آندسته را برپا گردانیدند و یک شکوهی به آزادیخواهان دادند. از آنسو کسانی در برابر او ایستاده و دسته دیگری بنام «دموکرات قانونی» پدید آوردند. هایهوی بزرگی به میان افتاده با هم به نبرد و کشاکش برخاستند. انبوهی از سودجویان بلکه از بدخواهان مشروطه نیز به این سو و آنسو پیوسته باد به آتش کشاکش می‌زدند. دو سه ماهی این رسوایی در میان می‌بود.

من در این پیشامد خاموشی گزیده خود را به کنار گرفته بودم. با آنکه در شش سال دوره فشار بیشتر از دیگر ان زیان دیده و سختی کشیده و در میان آزادیخواهان از همه بنامتر می‌بودم و با خیابانی و همراهانش دوستی نزدیک می‌داشتم، چون در دوره گذشته به دموکراتها نپیوسته بودم اکنون نیز خود را دور می‌داشتم. بهره مندی من از آن پیشامدها آن شده بود که از زبان ملایان و پیروان شان آسوده گردم و دیگر به جان خود نترسم، و به همان خرسند می‌بودم و خدا را سپاس می‌گزاردم. از آنسوی چون دوره برگشته برای من کار تازه‌ای پیدا شده بود، و آن اینکه این بار به جلوگیری از زورگویی و کینه جویی مشروطه خواهان بکوشم.

همینکه فشار خودکامگی برخاسته بود بسیاری از مشروطه خواهان و بازماندگان مجاهدان به میان افتاده بنام کینه جویی از بدخو هان کوششهایی می‌کردند و به کسانی آزار می‌ر سانیدند. من می‌گفتم: گذشته گذشته است. باید از کینه جویی چشم پوشید. این بود بسیاری از کسانیکه در آن شش سال به من آزار رسانیده بودند، این بار به من می‌پناهیدند و من نگهداری می‌نمودم.

همان هکماوار که من از آنجا گریزان می‌بودم، این هنگام خود را به زیر پای من انداخته یاوری می‌خواست. شیخیان که مشروطه خواه می‌بودند کسانی از آن ان سر برآورده به آزار متشرعان می‌کوشیدند. من می‌بایست از آنان جلوگیرم.

از اینها گذشته در همان روزها چون دبستانها باز می‌شد، از سوی اداره فرهنگ مرا برای آموزگاری عربی در دبیرستان دولتی (که یگانه دبیرستان آذربایجان می‌بود) خواندند. و ماهانه آبرومندی که به کمتر آموزگاری دادندی برایم بدیده گرفتند.[1] در این کار دست فیوضات در میان می‌بود که این هنگام دستیاری فرهنگ را می‌داشت. فیوضات در دوستی بسیار نیک و در دشمنی بسیار بد می‌بود.

چندی بدینسان می‌گذشت، و چون کشاکش در میان خیابانی و همراهان او با «دموکراتهای قانونی» سخت گردیده بود کسانی به آن شدند که میانجی[2] گردند. خود خیابانی این را می‌خواست. از اینرو من نیز از میانجیان گردیدم. چنین نهادیم که دو دسته بهم خورد و دسته تازه دیگری پدید آید و یک کمیته از سر نو برگزیده شود. در این میان بود که من نیز خواه و ناخواه به دموکراتها پیوستم که در نشستهایی که روزهای پنجشنبه در حیاط تجدد برپا گردیدی می‌بودم. ولی بیش از این نزدیکی نمی‌داشتم.

---

[1] بدیده گرفتن = در نظر گرفتن.

[2] میانجی = شفیع، واسطه.

خشکسالی و گرسنگی

ما هنوز در هکماوار می‌نشستیم. مادرم خرسندی نمی‌داد که از آنجا بیرون آییم. من ناچار شده بودم پس از آنهمه بدیها که از مردم آنجا دیده بودم به کارهاشان پردازم و به آسایش ایشان کوشم. آزار شیخیان بیش از اندازه شده بود. یکی از ایشان چند تن تفنگچی بسر خود گرد آورده کینه‌های گذشته را می‌جست. روزی ناچار شدم یکی از تفنگچیان را در میدان با دست خود کتک زنم. سپس نیز به میرزا محمود آقا، برادر ثقه الاسلام پیام فرستادم که جلو پیروان خود را گیرد. او پیام مرا پذیرفت و یکشب رمضان نیز بخانه ما به میهمانی آمد.

در همان روزها در تبریز وبایی نیز رخ داد و من چون گرفتار شدم در اینجا به یادش می‌پردازم. این وبا را به تبریز سپاهیان روس آوردند، و چون از راه دوری رسیده بود بیش از یکماه نکشید و از میان رفت.

روزی من بخانه میرزا نصرالله خان که نا مش بردهام رفته بودم، و چون از وبا می‌ترسیدم ازو پرسشهایی کردم. او نشانه‌های بیماری را می‌شمرد، ولی چنین گفت: «تا تشنج نیامده نباید ترسید. لیکن اگر تشنج آمد جای بیم است.» شبانه چون بخانه بازگشتم و پس از شام خوابیدم نیمه شب بیدار شده دیدم حالم سخت بهم خورده وبای سختی گرفته‌ام. قی[1] و دیگر نشانیها آغاز یافت. در آن دل شب خود را در چنگال آن بیماری هراسگین دیدم. می‌دانستم در آن ساعت دسترس به پزشک و دارو بویژه در هکماوار نخواهد بود، ولی می‌گفتم: بهتر است مادرم و دیگران را بیدار گردانم و «وصیت» کنم. باز می‌گفتم: هنوز «تشنج» نیامده و جای بیم نیست. بهتر است آنان را به ترس نیندازم. بدینسان نزدیک به سه ساعت با حال سخت

---

[1] قی = استفراغ، بالا آوردن.

می‌گذرانیدم. سرانجام قی و اسهال کمی بریده شد و من که بسیار ناتوان شده بودم با سختی خود را به کنار رختخواب رسانیده افتادم. هنگام بامداد به آواز مادرم بیدار شدم که بالا سرم نشسته مرا می‌خواند و چون چشم باز کردم دانستم که از چنگال مرگ رهیده‌ام. خدا را سپاس گزارده به مادرم دلداری دادم. با آنکه سه ساعت بیشتر گرفتار بیماری نبودم تا یکماه در تن خود ناتوانی آشکار درمی‌یافتم. این دوم بیماری من بود.

در این میان خشکسالی و نایابی تاریخی سال ۱۲۹۶ (۱۳۳۶) آغاز می‌شد. چنان که در تاریخ هجده ساله نوشته‌ام در این هنگام در تبریز دموکراتها شایندگی از خود نشان دادند و با همدستی دولت به یاوری مردم برخاستند. دولت غله می‌داد. دموکراتها از توانگران پول (اعانه) می‌گرفتند. در کویها بینوایان و کمچیزان را سرشماری کرده بودند. به اندازه نیاز آنها آرد به نانواییها می‌دادند. در هر کویی کمیسیونی از خود مردم برپا گردیده پته[1] بدست بینوایان داده بودند که از روی آن نان گیرند.

سامان نیکی داده شده از درماندگان و کمچیزان نگهداری نیکی می‌رفت. تنها در کوی هکماوار این سامان سر نگرفته بینوایان بهره ازآن یاوریها نمی‌یافتند. مردمی بی‌سواد و نادان این کوی که اختیارشان در دست ملایان می‌بود در میانشان کسیکه بچنان کارهایی تواند برخاست یافت نمی‌شد. ملایان که نان دولت را حرام می‌دانستند و خود را کنار کشیده بودند از دیگران نیز جلو می‌گرفتند. از اینرو آردی که دولت می‌داد چون سامانی درمیان نمی‌بود زورمندان می‌گرفتند و می‌بردند و دیگران گرسنه می‌ماندند.

یک بدی دیگر در آنجا این می‌بود که چون بازرسان به سرشماری بینوایان آمده بودند، مردم نافهم و نادان به گمان آنکه خواستشان مالیات بستن است از شماره

---

[1] پته = کاغذی مانند کوپن.

باشندگان[1] هر خانه‌ای بسیار کاسته بودند، و اکنون که پی به چگونگی می‌بردند چاره جز نالیدن و زاریدن نمی‌یافتند.

یکشب که من بخانه بازمی گشتم دیدم در میدان کوی گروه انبوهی از بینوایان، از زن و مرد، گرد آمده‌اند و چون مرا دیدند آواز بهم انداخته به گله و ناله پرداختند که ما گرسنه مانده ایم، ما سرپرست نمی‌داریم. چون سر راهم گرفته بودند ناچار شدم بایستم و گوش دهم، و چون نام پدرم را برده می‌گفتند: «اگر آن زنده بودی خرسندی دادی که مارا با این حال بیند؟!» این سخنان مرا تکان داد. گفتم: از فردا به آسوده گردانیدن شما کوشم، و چون بخانه رفتم تا یکساعت در اندیشه می‌بودم و بحال بدبختی مردم افسوس می‌خوردم. می‌گفتم: اینان کسانی می‌باشند که تا دیروز با انگیزش[2] ملایان مرا بیدین دانسته هرگونه آزارم می‌رسانیدند. برادرانم که به دبستان می‌روند هر روز جلو آنها را گرفته بدگوییها می‌کردند. اکنون که درمانده شده‌اند رو به من می‌آورند. من باید پذیرم و به آنان نیکی دریغ ندارم. ولی مردمی با اینحال کارشان به کجا تواند رسید؟! من به آنان نیکی خواهم کرد ولی چون گرسنگی بگذرد باز مرا بیدین دانسته آن ملایان را که در چنین روزی کمترین دستگیری به آنان نمی‌نمایند دیندار خواهند شناخت. چنین مردمی جز نابودیِ بچه چیزی سزنده‌اند؟![3] آنشب را با این اندیشه‌ها بسر می‌بردم.

فردای آن به «کمیسیون ارزاق» رفته چگونگی را گفتم و چنین نهادیم که دکان نانوایی را بخود من سپارند و برای سرشماری دوباره بازرسان فرستند. همین کارها را هم کردند. از آنسوی من در هکماوار حاجی محمد جعفر بادامچی و حاجی عباس و دیگران را بخانه خود خواندم، و کمیسیونی برپا گردانیدیم و پته‌ها چاپ

---

[1] باشندگان = حاضران.

[2] انگیزش = تحریک.

[3] سزنده؛ سزا = جایز.

کرده بدست خانواده‌ها دادیم و چون زورمندان، از قزاق و لوطی ودیگران گردن نمی‌گز اردند، یکهفته بیشتر رنجها بردیم تا کار را براه انداختیم. شادروان حاج عباس و دیگران نان را به دوش خود کشیده از در خانه‌ها به بینوایان می‌دادند و آنانکه پول نمی‌داشتند، از کیسه خود زیان می‌کشیدند. قزاقان به زور قمه و تپانچه خود فریفته و به پشتیبانی اداره شان پشت گرم می‌بودند، و از اینرو گاهی فرصت یافته دکان نانوایی را تاراج می‌کردند و در سایه این کار، آنشب می‌بایست دویست خانه گرسنه بمانند و شب هنگام سر راه مرا گرفته به دادخواهی و ناله پردازند.

یکروز ناچار شدم قزاقی را جلو نانوایی کتک زدم و همان روز به شهربانی رفته چگونگی را به آقای میرزا عبدالله خان بهرامی رییس شهربانی گفتم. در آنسال در میان آن گرفتاریها یکی از خوشبختیهای تبریز این بود که مرد بسیار کاردان و توانایی همچون آقای بهرامی رییس شهربانی می‌بود. کارهای این مرد در تبریز هر کدام داستانی می‌دارد. در این باره همان که سخن مرا شنید درزمان[1] دستور داد قزاقهای تاراجگر را از قزاقخانه بخواهند. قزاقخانه ایستادگی می‌داشت. ولی در سایه پافشاری آقای بهرامی ناچار شده رختهای آنها را کَند و همه را به شهربانی فرستاد. در اینجا آنان را به سه پایه تازیانه بسته زدند. دوستی من با آقای بهرامی از همانجا آغاز یافته است.

بدینسان کار ما پیش رفت. ولی قزاقان که در آنکوی دسته‌ای می‌بودند سخت بدشمنی برخاستند. شبی بخانه ما آمده و پیش از آنکه ما بیدار شویم بازگشته بودند. شبی دیگر بخانه حاجی محمد جعفر رفته بودند که کار به تپانچه انداختن و هایهوی کشیده بود.

شگفت است که ملایان که نان دولت را حرام دانسته چند ماه پیش مردم را از نزدیک شدن باز می‌داشتند اکنون آنان هم فشار آورده پته می‌طلبیدند که از نان دولت بخرند. این بود اندازه دینداری ایشان.

---

[1] درزمان = فورا.

نمونه‌ای از رفتار ملایان

چنانکه در تاریخ هجده ساله نیز نوشته شده سال۱۲۹۶ (۱۳۳۵) سال پر پیشامدی می‌بود. در آغاز سال، شورش روسستان رخ داد و تزار برافتاد و در ایران و همه جا تکانی پدید آورد. در پی آن در تبریز از یکسو قزاقها و سالداتها، کمیته‌ها پدید آورده به نمایشهای آزادیخواهانه برخاستند و بر سر خاک ثقه الاسلام و دیگر کشتگان راهِ آزادی رفتند و از یکسو آزادیخواهان ایران به جنبش درآمده رشته کارها را بدست گرفتند. در پی اینها گرسنگی آغاز گردید و آن سختیها را پدید آورد. در همان هنگام دموکراتها (یا بهتر گوییم: نوبری و خیابانی و حریری) کمیته‌ای برپا گردانیده به آدمکشیهایی برخاستند و فخرالمعالی و کسان دیگری را که در شش سال گذشته، به سیاهکاریهای آشکار برخاسته بودند، یکایک به کشتن دادند. هر چند روز، یکی از آنان کشته می‌شد. در همان هنگام در روسستان دسته دموکراتها از کار افتاده کمونیستها به روی کار آمدند. و اینان با آلمان و عثمانی آشتی خواسته پیمان بستند و این بود که قزاقها و سالداتها بایستی از میدانهای جنگ بازگردند، و اینان که لگام گسیخته و نابسامان،[1] آتش زنان و کشتارکنان باز میگشتند. در آذربایجان یکرشته گرفتاریهایی پدید آمد. خوی و دیگر شهرها آسیب بسیار دیدند. درآن میان در ارومی و سلماس داستان خیزش آسوریها و کشتارهای آنان رخ داد که داغی به دلهای ایرانیان بود.

دولت که به بینوایان و کمچیزان (به ۱۸۰۰۰۰ تن) نان می‌داد، چون زمستان فرا رسید و گندم در انبارها کم شد، آنچه را که روزانه می‌دادند (۵ ر ۶۲ مثقال) نیمه گردانیدند، و این چون کسی را سیر نمی‌کرد بینوایان از گرسنگی می‌مردند. از آنسوی تیفوس و تیفوئید با سختی رو نموده آتش به هستی بینوا و بأنوا می‌زد.

---

[1] نابسامان = نا منظم.

بیچیزان که می‌مردند مرده هاشان به روی زمین می‌ماند. در هکماوار روزانه ده تن یا بیشتر می‌مردند و مرده‌های آنها در مرده شور خانه می‌ماند، تا کسانی پیدا شوند و دررفت[1] کفن و گورکنی آنها را دهند. بارها رخ دادی که کسی پیدا نشدی و من شبانه هنگام بازگشت بخانه می‌بایست در آنجا بایستم و بفرستم از توانگران پول گیرند و آنها را از میان بردارند. بارها رخ دادی که بازگشتندی و چنین گفتندی: «رفتیم فلان حاجی روضه خوانی می‌داشت و پولی نداد.» در آنسالِ سختی، ملایان و پیروانشان کمترین پروایی بحال مردم نمی‌داشتند و در پی کارهای خود می‌بودند. بیشتر حاجیها و مشهدیها از گرانی خواروبار که گندم خرواری به سیصد تومان رسیده بود (سی برابر بهای همیشگی) فرصت جسته گندم یا چیزهای دیگری که می‌داشتند نیمه نهانی به بهای بسیار گران فروخته به آرزوی کربلا رفتن پول می‌اندوختند، و چون راه عراق بسته می‌بود چشم براه باز شدن آن می‌دوختند، و این بود چون در آغاز بهار راه عراق باز شد بیکبار به شور و تکان برخاستند و کاروانهای بزرگی با چاووش و «صلوات» راه افتادند. ملایان نیز پر و بال باز کرده به خودنمایی‌ها پرداختند. چون مرا در آنروزها داستانی رخداده می‌خواهم دراینجا یاد کنم:

نام حاجی آقاخان را پیش از این برده‌ام. دوستی این جوان با من همچنان پایدار می‌بود. در همان روزهای نوروز که آواز باز شدن راه عراق به میان افتاده و کربلاییان بنام بسیج[2] راه در تکاپو می‌بودند، من بنام بازدید به خانه آن جوان رفتم. چون نشسته بودیم میرزا حسن علیاری که یکی از ملایان بنام تبریز و خود در فریبکاری و مرید بازی یکی از استادان می‌بود به آنجا درآمد و چون نشست و مرا نمی‌شناخت گفتگویی نرفت. برخی سخنان به میزبان گفت. در این میان هفت و هشت تن از

---

[1] دررفت = هزینه، خرج.

[2] بسیج = تدارک.

حاجیان و توانگران درآمدند و دانسته شد از مریدان آن ملایند و می‌خواهند به کربلا بروند و چون سراغ آقا را در اینجا گرفته اندآمده‌اند او را ببینند. این بود نشستند و چنین آغاز سخن کردند: «ما عازم زیارت حضرت سیدالشهداییم، آمدیم دست آقا را ببوسیم و اجازه گیریم ...». علیاری از این سخن چون گل بشکفت و با یک شیوه فریبکارانه که ویژه ملایان است بسخن پرداخت: «به شما اجر جابر بن عبدالله داده خواهد شد. شما اول زواری هستید که می‌روید. فرشتگان چشمهاشان براه است ...». بدینسان سرگرم خودفروشی و مردم فریبی می‌بود که من تاب نیاورده ناگهان خروش برآوردم:[1] «آخوند چه می‌گویی؟!. چرا اینها را فریب می‌دهی؟!. اینها کسانیند که همسایگان و خویشان خود را از گرسنگی کشته‌اند و نزد خدا روسیاه خواهند بود. جابربن عبدالله هزار و سیصد سال پیش بود. از دیروز گفتگو کن که زنهای بیوه سر فرزند نیمه جان خود را به سینه می‌چسبانیدند و هر دو در یکجا از گرسنگی جان می‌دادند.»

این خروشِ من آخوند و کربلاییان را خیره گردانیده نخست گوش می‌دادند. ولی یکبار دیدم آخوند دست به عصا برد. من گمان کردم برای زدن منست، ولی دیدم عصا را برداشت و لندلندکُنان برخاست و با شتاب راه افتاد. کربلاییان نیز دنبال او را گرفتند. پس از یکی دو دقیقه بود که من بخود آمده نگاهی به حاجی آقاخان کردم دیدم جوانِ نیکنهاد سر پا ایستاده. ولی رخساره گلنارش زرد گردیده لبهایش می‌لرزد. من دانستم که او را به بیم انداخته‌ام و علیاری کسی نیست که کینه این نشست را نکشد و به او آزاری نرساند. او پاس مرا نگه داشته چیزی نمی‌گفت. ولی پیدا می‌بود

---

[1] در دیماه سال ۱۳۷۹ گفتاری زیرعنوان «خروش آن خردمند فرزانه» به خامه (قلم) آقای حبشی در روزنامه «عصر امروز» چاپ لوس آنجلس منتشر شد که با یاد از کوششهای شادروان کسروی، این تکه را نیز از این دفتر آورده است. با سپاس از آقای حبشی و همگی نویسندگان نیکخواه ایرانی.

که می‌ترسید. من برخاسته گفتم: «برادر دوستی با من این زیانها را دارد. می‌خواستی با من دوستی نکنی». ولی او به روی خود نیاورد و مرا پاسدارانه راه انداخت.

تیفوس و تیفوئید تا پایان سال (بلکه پس از آن نیز) کار خود را می‌کرد و خانه ما را نیز بی‌آسیب نگذاشت. یکی از برادرانم با یکی از خواهر زادگانم با برخی از خویشان گرفتار بیماری شدند و بدی این بود که در آن کوی پزشک یافت نمی‌شد. در آن هنگام که پزشکان سرگرم می‌بودند کار دشواری می‌بود که به هکماوار بیایند. ولی دو تن از ایشان فخرالاطباء و دکتر سید محمد خان جوانمردی نمودند و آن راه دور را آمدند که نه تنها مزدی نگرفتند پول درشکه را نیز خود دادند. اینها برخی بهبود یافتند. پس از آنها مادرم تیفوس گرفت و او چاره نپذیرفته بدرود زندگی گفت که مرا بسیار افسرده گردانید. پس از مرگ پدرم این مادر ما را بزرگ گردانیده رنجهای بسیار کشیده بود. آنگاه او را در برابر سختیها پشتیبان من بودی. آنهمه آزارها که از ملایان و دیگران دیده بودم هر زمان رنجهای بسیار کشیده که با حال افسرده بخانه بازگشتمی او حال مرا دریافته با زبان مادری دلداریها می‌دادی. در مرگ او نیز اشکها از دیده‌های من روان گردید.

آغاز رنجش با خیابانی

چون سال ۱۲۹۷ در آغازهای بهار همچنان گرسنگی و بیماری در میان میبود. سپس گرفتاری دیگری آغاز یافت، و آن اینکه عثمانیان رو به آذربایجان آوردند. روسیان که اینجا را تهی گزارده بودند آنان خواستند پر کنند. یکدسته از سپاه ایشان بر سر ارومی و سلماس رفت که با آسوریان جنگ کند و دسته دیگر یکسره به تبریز آمد. اینان به دموکراتها بدبین میبودند و از روز نخست بدبینی و دشمنی نشان دادند.

خیابانی و نوبری چاره را در خاموشی و کناره گیری دیدند. ولی بدخواهان ایشان که فرصت یافته به عثمانیان پیوسته بودند خاموش ننشستند و این بود یکماه کما بیش نگذشت که عثمانیان خیابانی و نوبری را با حاجی محمد علی بادامچی دستگیر گردانیده از تبریز بیرون فرستادند.

از این پیشامد نیروی دموکراتها ازمیان رفت. عثمانیان هر کجا میرسیدند «اتحاد اسلام» پدید میآوردند. دولت عثمانی که افزاری در دست آلمان میبود، او نیز به نوبت خود اسلام را افزار گردانیده بود. در تبریز هم کسان بسیاری را خواندند و حزبی پدید آوردند. بسیاری از آشنایان من، از جمله آقا میرزا علی هیئت، در آن حزب جا گرفتند. ولی من کناره جستم. روزی نیز مرا با دیگران خوانده بودند. رفتیم و سخنانی شنیدیم و پاسخی نگفته برخاستیم.

شنیدنی بود که کسانی از همان هکماوار بنزد عثمانیان رفته جاسوسی مرا کرده بودند که از همراهان خیابانیست. من چون اینرا شنیدم بهتر دانستم خانه مان را از آنکوی بیرون آورم و چون مادرم نمیبود که جلو گیرد، خانهای در لیلاوا که از بهترین کویهای تبریز است اجاره کرده از هکماوار بیرون آمدیم.

عثمانیان امیدمند میبودند که در آذربایجان خواهند بود. این بود رشته کارها را بدست گرفته به کوششهای دیگری هم پرداختند. از جمله میرزا تقی خان که یکی از

رازداران خیابانی می‌بود و اینزمان به عثمانیان پیوسته منشی یوسف ضیاء، نماینده سیاسی ایشان شده بود، روزنامه‌ای به زبان ترکی بنام «آذرآبادگان» بنیاد گزاشت که از شماره نخست آن از ترک بودن آذربایجانیان و اینکه آذربایجان از نخست سرزمین ترکان بوده سخن راند.

ولی با همه اینها، چون جنگ جهانگیر با شکست آلمان و همدستان او پایان پذیرفت و گفتگوی آشتی آغاز یافت، در مهرماه آنان نیزتبریز را رها کرده بیرون رفتند. «اتحاد اسلام» که پیاپی «بیانیه» ها بیرون می‌داد نیز نابود شد.

پس از رفتن ایشان مکرم الملک نامی از اعیانزادگان تبریز «نایب الایاله» شد، و این مرد از دشمنان آزادی می‌بود و پی آزار آزاد یخواهان می‌گشت. ولی در بیرون آدمکشی‌های خیابانی و نوبری و دیگر کارهای ایشانرا بهانه می‌گرفت. همچنان کارهای بد برخی از دموکراتها را به رخ ما می‌کشید.

در این هنگام آقا سید جلیل اردبیلی که از پیشگامان آزادیخواهان تهران بوده و این زمان از استانبول بازمی گشت به تبریز آمد. من با او و با کسانی از شناختگان دموکراتها با هم نشسته چنین نهادیم که بکار پرداخته برخی کسانی را که در زمان نیرومندی دموکراتها به آزار مردم برخاسته یا در هنگام بودن عثمانیان دورویی نموده و به آنان پیوسته‌اند بیرون گردانیم و بدینسان دسته دموکراتها را پیراسته زبان خُرده‌گیران[1] را ببندیم. آقا سید جلیل و دیگران بهتر می‌دانستند که در این کار پیشگام من باشم. زیرا که در گذشته بکاری برنخاسته در نزد بدخواهان نیز نیکنام می‌بودم.

این بود روزی نشست بزرگی در حیاط تجدد برپا گردانیدیم که بیش تر دموکراتهای بنام می‌بودند و پس از گفتارهایی که رانده شد دو چیز گُزیریده[2] گردید: یکی آنکه با پیشنهاد آقا سید جلیل، میرزا تقیخان که بنزد عثمانیان رفته و برای آنها

---

[1] خرده (بر وزن مرده) = ایراد.

[2] گزیریدن = تصمیم گرفتن، تصویب کردن.

روزنامه به زبان ترکی نوشته و در ستایش خلیل پاشا شعر ترکی گفته و آنرا روز درآمدن پاشا به تبریز در ایستگاه سروده بود، به گناه دورویی از دسته بیرون رانده شد. دیگری آنکه نهاده شدکه در نشستهای حزبی گفتارها با فارسی باشد و این حزب یکی از خواستهای خود رواج دادن زبان فارسی در آذربایجان را شناسد.

بدینسان نشست پایان یافت، و چون پس از چند روز خیابانی و نوبری که از دستگیری رهیده[1] بودند به تبریز بازگشتند، در میان آمد و رفت‌ها و گفت و شنیدها دانسته شد خیابانی از کارهای ما رنجیده می‌باشد و اینست میرزا تقی‌خان را همچنان از رازداران خود می‌شناسد. سپس دانسته شد میانه او با نوبری رمیدگی هست، که چون مکرم الملک کشتن امام جمعه و دیگران را دستاویز گرفته کشندگان را دنبال می‌کند، خیابانی سود خود را در آن دانسته که همه آن کارها را به گردن نوبری بیندازد و خود را کنار گیرد. نتیجه این رفتار او آن شد که نوبری در تبریز ماندن نتوانست و به همدان گریخت. مکرم الملک نیز چند کس را بنام آنکه امام جمعه و دیگران را کشته‌اند گرفت و بدار زد و کسی به آنان یا به خانواده هاشان یاوری نکرد.

اینها مایه رنجیدگی کسان بسیاری از خیابانی گردید. گمان می‌رفت که میانه او با مکرم الملک سازش هست و خیابانی می‌خواسته نوبری را بیرون گرداند و خود تنها باشد. بهر حال حزب بهم خورد و رشته از هم گسیخت. من نیز بیکبار پا کشیدم و بکارهای خود پرداختم. مکرم الملک ششماه کما بیش می‌بود و چون سپه سالار به والیگری آمد او افتاد. سپس نیز در تیر ماه «۱۲۹۸ انتخابات» برای دوره چهارم آغاز یافت.

این پیشامدِ «انتخابات» خیابانی و همدستان او را بکار برانگیخت و این بود همه دموکراتها را برای روز یکشنبه بیست و یکم تیر (۱۳ شوال ۱۳۳۸) برای گفتگو خواندند، و چون آنروز رسید، گروه انبوهی در حیاط تجدد گرد آمدند. نخست

---

[1] رُهیده = رها شده، آزاد شده.

خیابانی به گفتار آغاز کرد بدینسان: «امروز میدان مبارزه خوبی به روی ما باز شده و ما می‌باید تا می‌توانیم بکوشیم.» در این زمینه سخنانی رانده سپس گفت: «ولی من می‌بینم بسیاری از شناختگان و بزرگان همراهان ما از دو سال باز[1] پا از حزب کشیده به اینجا نیامده‌اند.» با این کلمه گفتار خود را به پایان رسانید.

من می‌خواستم پاسخی دهم و بدیهای خیابانی و همدستانش را به رخشان کشم، و شگفت بود که دیدم یکی پیش از من به پا برخاست (که سپس دانستم دکتر زین العابدین خانست) و با یک دلیری چنین گفت: «یکی از کسانیکه از حزب پا کشیده‌اند منم، من فاش می‌گویم: این کناره گیری نتیجه غلطکاریهای آن چند تن است که بنام پیشوای حزب از هیچ بدی باز نمی‌ایستند». اینرا گفته آغاز کرد به شمردن بدیهای خیابانی و همدستانش.

پس از وی من برخاسته چنین گفتم: «آنچه را که من گفتن می‌خواستم دکتر گفت. همین اندازه می‌گویم: گفته‌های او همه راست و این کارهای چند تنست که مایه رنجش نیکان و پاکدامنان میگردد و آنان را به روگردانی وا می‌دارد.» از این گفته‌ها همراهان خیابانی رنجیدند و آزردگی نمودند. ولی او خود زیرکانه به پا برخاسته چنین گفت: «یک دلیل به پاکی و نیکی همراهان ما اینست که آنچه ایراد در دل می‌دارند نهان نداشته آشکار می‌گویند. لیکن اینها درباره گذشته است که گذشته. اکنون می‌بایست به آینده پرداخت، ما چون کسانی را برای نمایندگی دارالشوری از میان حزب خواهیم برگزید می‌باید کمیسیونی برپا گردانیم، و من برای آنکه خشنودی خود را از این ایرادها نشان دهم پیشنهاد می‌کنم این دو همراه ارجمند به آن کمیسیون برگزیده شوند.» با این گفته‌ها جلو ایرادگیری‌ها را گرفت. در همان روز کمیسیونی برگزیده شد که دکتر و من هم بودیم، و این کمیسیون در چند هفته کاندیدهای حزب را که یکی از آنان خیابانی و دیگری نوبری می‌بودند پدید آورد.

[1] دو سال باز = دو سال پیش به اینطرف.

از این نشست و از گفته‌های خیابانی پنداشته می‌شد که او از گذشته پشیمانست و رفتار خود را دیگر خواهد گردانید. این بود کسانیکه رنجیده بودند گذشته را فراموش کرده پاکدلانه به آمد و رفت پرداختند. لیکن چندی نگذشت که کارهایی پیش آمد و باز رنجشهایی رخ داد. یکی آنکه روز نامه تجدد که بار دیگر پراکنده می‌شد خیابانی میرزا تقیخان را آورده نویسنده آن گردانید، دیگری آنکه زمان «کمیته ایالتی» که پایان یافته بود خیابانی و همدستانش بنام آن به هرکاری برمی‌خاستند، و چون ایراد گرفته میشد، میگفت: «تا کمیته تازه برگزیده نشود این کمیته خواهد بود.» گفته میشد: «پس کمیته تازه برگزینیم» پاسخ می‌داد: «اکنون صلاح نیست.» دیگری آنکه کسان نادرست و بدنام را به حزب می‌آورد و پیش می‌کشید و چون گفته می‌شد، پاسخ می‌داد: «من اینها را دوست میدارم». رویهمرفته میخواست چیرگی کند.

از این رفتار او کسان بسیاری رنجیدند که یکی نیز من بودم و چون آزادانه ایراد میگرفتم، نامم به زبانها افتاد.

چگونه بعدلیه رفتم؟

خیابانی پاس مرا بسیار داشتی و در همان روزها داستانی رخداده بودکه پاسداری او را بیشتر می‌گردانید، و آن اینکه گروهی از دموکراتها مرا در میان کاندیدها بدیده گرفته[1] بودند که بنویسند و شبی نشستی برپا کرده بودند. من چون شنیدم خودم رفته به آنان چنین گفتم: «من سالم بیست و نه است و یکسال کم می‌دارم تا نماینده مجلس توانم بود. خواهشمندم نامی از من نبرید». آگاهی این را به خیابانی رسانیده بودند. از اینرو چند بار در گفتارهایش یاد آن کرد و بخود بالید و با من پاسداری فزونتر گردانید.

من نیز او را دوست می‌داشتم و مردی جانفشان و توانا می‌شناختم و با آن رنجشها در دل خود می‌گفتم: «اگر خواست ما از این حزب سازی کاری کردنست به چنین مردی نیازمندیم و باید ارجش دانیم.» آنچه هیچ گاه از اندیشه من نمی‌گذشت جدایی از خیابانی و دشمنی با او می‌بود. هنوز فراموش نکرده بودم که سه سال و چهار سال پیش از آن نیمه نهان نشستها برپا کردیمی و درد دل با هم گفته آرزوی روزی را می‌کشیدیم که آزاد باشیم و در راه کشور و توده به کوشش پردازیم. فراموش نکرده بودم که روزی در خانه فیوضات می‌بودیم و سخن از فشار روسها و دژخویی‌های[2] صمد خان و بدنهادی ملایان می‌رفت و من بیشتر از دیگران بی‌تابی می‌نمودم. خیابانی بسخن پرداخته چنین گفت: «عربی را شتری گم شده بود و در بیابانها و کوهها پی آن می‌گشت و با آنکه دار و ندارش همان شتر می‌بود شکیب و خونسردی بسیاری از خود می‌نمود. یکی خرده گرفته گفت: هیچ اندوه نمی‌خوری؟!. عرب گفت: «به پشت این کوه نیز امیدی می‌دارم و به آنجا خواهم رفت که اگر پیدا

---

[1] بدیده گرفتن = در نظر گرفتن.

[2] دژخویی = بد خویی.

نکردم نشسته و بیکبارگی گریه را سر خواهم داد.» گفت: «ما در بدبختی بزرگی افتاده‌ایم. دشمنی همچون دولت روس می‌داریم. ولی به پایان این جنگ امیدی هست که راهی به روی ما باز شود که اگر آن هم نبود باید بنشینیم و یکبارگی هر چه خواهیم کرد بکنیم.» من می‌خواستم خیابانی گوش به سخنان ما دهد و با هم به کنار آییم. این بود روزی در حیاط تجدد با او فراهم نشستیم و من چنین گفتم: «آقا شیخ، یک ایرادی که به شما می‌گیرند و من نیز آنرا بد می‌شمارم آنست که مردانی را که از آغاز جنبش مشروطه در این راه کوشیده‌اند شما دور می‌رانید و بجای آنان کسان بدنام و دشمنان دیروزی آزادی را می‌آورید». گفت: «آن کسانیکه شما می‌گویید، می‌آیند و در جلوی آدم ایستاده اندیشه خود را پیش می‌کشند. لیکن این کسان هرچه ما بگوییم، بی‌چون و چرا پیروی خواهند کرد». گفتم: «ولی اگر روز سختی برسد آنکسان چون خود اندیشه و باور می‌دارند ایستادگی نمایند و جان فشانند ولی این کسان در بند هیچی نیستند و همانکه دشمن را تواناتر از شما دیدند بسوی او شتابند». گفت: «شما هنوز جوانید و ناآموزده می‌باشید». من دیگر سخنی نگفته برخاستم.

یکروز دیگری کسانی از شناختگان دموکراتها بنزد من آمدند. چون مرا بی‌یکسو[1] می‌شناختند از خیابانی و همراهانش گله بسیار کردند. گفتم: شما ایرادهاتان بنویسید که من به آقا شیخ بدهم و پاسخ خواهم. آنان این کار را کردند و یکرشته ایرادهایی نوشتند.

ولی خیابانی بجای آنکه از میانجیگری من خشنودی نماید آزردگی نشان داد و به آن پاسخی نداد. از اینجا من نومید شده با کسانیکه با من می‌بودند خود را کنار گرفتم.

---

[1] بی‌یکسو = بیطرف.

یکی از ایرادهایی که به خیابانی گر فته شد این بود که دو سال پیش دموکراتها دشمنی آشکاری با وثوق الدوله نموده و بودن او را در کابینه عین الدوله نپذیرفته بودند. ولی اکنون که خود او نخست وزیر شده و با یک بی‌باکی پیمان ۱۹۱۹ را با انگلیسیان بسته بود، خیابانی خاموش شده به سخنی نمی‌پرداخت. در تهران آزادیخواهان با آن پیمان دشمنی آشکار می‌نمودند و هیاهو در میان می‌بود. دموکراتها در آذربایجان بیکبار خاموش می‌نشستند و روزنامه تجدد کمترین ایرادی به آن پیمان نمی‌گرفت.

این ایرادکه گرفته می‌شد خود خیابانی پاسخ نمی‌داد. یارانش چنین می‌گفتند: «شناختن آنکه این پیمان بسود یا بزیان ماست کار آسانی نیست.» در همان روزها کسانی از هواداران خیابانی میهمانی‌ها می‌دادند و مرا می‌خواندند و خواستشان برداشتن رنجش از میان می‌بود. از کسانی که در این میانجیگری‌ها پا در میان می‌داشت اسد آقا خان می‌بود. این جوان در جنگهای مشروطه یکی از گُردان[1] گردیده و در جنگ روس دلیریهای بنام کرده و با دیگران به استانبول رفته اینزمان به تبریز بازگشته و در میان دموکرات‌ها می‌بود. با من دوستی بسیار نزدیک می‌داشت و چون از هواداران خیابانی می‌بود می‌کوشید رنجش مرا از میان برد و در مهمانیها او نیز میبود.

شبی را شادروان آقا میرآقا رابط که مرد ساده و نیکی می‌بود مهمانی با شکوهی داده بود. آنشب پس از شام تا پس از نیمه شب نشستیم و شوخیهایی نیز به میان آمد. یکی از شوخیها که رفت این بود که حاجی ناظم نامی که اکنون در تبریز زنده است، یکی از همراهان خیابانی می‌بود و ما یکی از ایرادها همراهی او را می‌شمردیم. این مرد در زمان صمد خان خود را به او بسته به سیاهکاریهایی برخاسته بود، از اینرو کمیته دموکرات او را یکی از کُشتنی‌ها می‌شناخت و در روزنامه تجدد نامش را

---

[1] گُرد = دلیر، پهلوان.

وارونه می‌نوشتند و بارها برای کشتنش رفته بودند. ولی او زیرکی نموده خود را نگه داشته بود. چون با سلطان زاده آشنایی می‌داشت روزی مرا بخانه خود خوانده بود. رفتم دیدم در یک اطاقی زندگی می‌کند و چند تن تفنگچی در پیرامون خود گمارده. سگی بزرگ در حیاط رها کرده. خود نیز تفنگی در پهلویش گزارده. ما را خوانده بود که در نزد خیابانی و نوبری میانجی باشیم که از کشتن او درگذرند. ما نیز چون بیرون آمدیم من به دستیاری فیوضات پیامی به شادروان خیابانی فرستادم. بهرحال او را نکشتند و او اینزمان یکی از همراهان خیابانی گردیده بود و به ما زباندرازی می‌کرد.

آنشب نیز سخنانی می‌گفت و شوخیهایی می‌کرد. ازجمله به خیابانی گفت: «آقاشیخ، من آن باغچه‌ای که می‌دارم گفته‌ام دری از آن به خیابان باز کنند که آنجا را «باغ ملت» گردانم. خودم نیز یک صندلی پهلوی درگزارده به رویش خواهم نشست که اگر مستبدی (بدخواه مشروطه) خواست به درون بیاید به سینه‌اش بزنم و بگویم: «اینجا جای تو نیست.» من گفتم: «آقای حاجی ناظم، کار خوبیست، ولی باید صندلی خودتان را از بیرون در بگزارید.» او نفهمید. ولی خیابانی و دیگران خندیدند.

با این میانجیگریهای نیکخواهان، برخی از یاران خیابانی کینه ما را در دل می‌داشتند. از جمله فیوضات که هم رییس مدرسه متوسطه و هم دستیار رییس فرهنگ می‌بود، رفتار دشمنانه آغاز کرده بود. من دیدم با آنحال باید از رفتن به مدرسه خودداری کنم. رییس فرهنگ دکتر صحت السلطنه مردی بسیار مهربان و نیکوکار و خود از دوستان من می‌بود. ولی نیکی و مهربانی او در اینهنگام کاری از پیش نتوانستی برد. چون بیکاریهای تابستان پایان می‌یافت من بر آن شدم که چون درسها آغاز یابد کناره جویی[1] نویسم و دیگر نروم. ولی در اندیشه می‌بودم که بچه کار دیگری پردازم.

---

[1] کناره جویی = استعفا.

در همان روزها آقای رکن الملک[1] که «رییس استیناف آذربایجان» شده بود، به تبریز رسید و چون بخانه مصدق الملک «مدعی العموم استیناف»[2] درآمده بود، من نیز به دیدنش رفتم. میزبان مرا به ناهار نگهداشت و سر ناهار مرا به رکن الملک می‌شناسانید که «از سران حزبست. خود نیز عربی را خوب می‌داند و فقه خوانده ...» از اینگونه ستایشها می‌کرد. رکن الملک گفت: «پس بهتر است به عدلیه بیایند». من گفتم: «راست است من فقه خوانده‌ام. ولی قانون نمی‌دانم که بعدلیه توانم آمد.» گفت: «قانون را ما نیز نمی‌دانستیم، خواندیم و دانستیم.» چون چنان می‌دانستم که از راه «تعارف» است دیگر پاسخی ندادم و در شگفت شدم که دیدم دو روز دیگر پاکتی از عدلیه آوردند که چون باز کردم دیدم «ابلاغ عضویت من در عدلیه» است. می‌خواستم نپذیرم. ولی طلیعه و دیگر آشنایان که در عدلیه می‌بودند مرا واداشتند که پذیرفتم و از روز سه شنبه ۲۴ شهریور ۱۲۹۸ به عدلیه رفتم. این پیشامد مرا از برخورد با فیوضات و دیگران بازداشت. ولی کینه آنرا افزونتر گردانید.

---

[1] آقای صدر ریس شعبه دیوان کشور.

[2] مصدق جهانشاهی که وکیل مجلس شده بود.

چگونه رنجیدگی بدشمنی انجامید؟

با این رنجیدگیها می‌گذشت و من بر آن بودم که توانم خود را به کنار گیرم. افسوس که نتوانستم، و رنجیدگیها به دشمنی انجامید. چگونگی آنکه در همان روزها گفتگوی برگزیده شدن «کمیته ایالتی» به میان آمده و از همه شهرهای آذربایجان نمایندگان خواسته شده بود. خیابانی و یارانش می‌خواستند از یکسو با این کار زبان خرده گیران را بندند و از یکسو چنان کنند که جز خودشان برگزیده نشوند. دسته دموکرات آذربایجان از این زمان نیروی بسیاری می‌داشت، خیابانی می‌خواست خودش آنرا تنها بدست گیرد.

بهر حال یکروز آدینه نشست بسیار بزرگی در حیاط تجدد برپا گردید. من نیز از نمایندگان می‌بودم که می‌بایست در آنجا باشم. چند صد تن فراهم آمده می‌نشستیم و می‌بایست نشست در چهار بغروب مانده، گشاده گردد و گفتگو آغاز گردد. ولی خیابانی و همراهانش در حیاط دیگر در بالا خانه نشسته به میان ما نمی‌آمدند. در این میان دیده می‌شد زیردستان خیابانی (که برخی هم تپانچه به کمر می‌داشتند) در میان رده‌های[1] باشندگان[2] می‌گردند و به گوشها سخنانی می‌گویند. من پرسیدم چه رخ داده؟! پاسخ نگفتند. ولی دانسته شد برخی از همچشمان خیابانی (که یکی ازایشان هیئت می‌بود) از رنجیدگی دموکراتها از خیابانی فرصت یافته گروهی را بسوی خود کشیده‌اند، و خیابانی که این را دانسته خشمناک گردیده و اینست پایین نمی‌آید و نشست را نمی‌گشاید و زیردستان او پیامهای بیم آمیز به این وآن می‌آورند.

---

[1] رده = صف.

[2] باشندگان = حاضران.

همه از این رفتار آزرده گردیدیم. یکساعت بغروب خیابانی با یارانش آمدند، نخست خود او برخاسته گفتار کوتاهی راند و فرونشست. پس ازو آقا میر آقا «رابط کمیته» جمله‌های کوتاهی را بنام گزارش دوساله به زبان راند. سپس فیوضات برخاسته به گفتاری تندی پرداخت و به کسانیکه «دشمنان دموکراسی» می‌نامید و نمی‌گفت کیانند، دشنامها شمرد و بیمها داد، و پس از اینها پیشنهاد کرد که نشست چند آدینه پی هم برپا گردد و سخنرانیها در پیرامون «مرام مقدس دموکراسی» رود و پس از آنها باشد که کمیته تازه برگزیده شود.

چون گفتار او به پایان آمد من جای نشستن ندیده با دو تن از یاران خود، سلطان زاده، و خازن زاده برخاستیم. کسان بسیاری پیروی از ما کرده برخاستند، و چون بیرون آمدیم در همان کوچه گرد ما را گرفته و به گله پرداخته چنین گفتند: «تا کی باید بشکیبیم؟!.[۱] شما پیش افتید ما همه با شماییم....» اینرا گفته خواستار شدند که بخانه نزدیکی رفته به گفتگو پردازیم. نمی‌دانم بخانه که رفتیم. ولی چون نشستیم من چنین گفتم: «دکتر را که مرد سالمند و آبرومندیست به پیشوایی برگزینید. من نیز با شمایم، آنچه توانم همراهی خواهم کرد.» این پیشنهاد را پذیرفتند و از همانجا دموکراتها به دودسته شدند: یکی دسته خیابانی، دیگری دسته ما (که بنام تنقیدیون می‌خواندند). ما نیز خانه‌ای گرفتیم و به کوشش پرداختیم. از کسانیکه با ما می‌بودند و اکنون می‌باشند نامهای آقایان سلطانزاده و خازنزاده و میرزا علی اکبر حریری و سید محمد شفیع زاده و معین لشگر و رسولی و رضوانی را به یاد می‌دارم. بسیاری از سران دموکرات نیمه نهانی با ما همراهی نشان می‌دادند. روزنامه تجدد که با خامه[۲] همان میرزا تقیخان نوشته می‌شد، از ما بد می‌نوشت و ما نیز ایرادهایی را که به خیابانی و همراهانش گرفته بودیم نوشته می‌پراکندیم. سخن دراز است و به

---

[۱] شکیبیدن = صبر کردن.

[۲] خامه = قلم.

کوتاهیش می‌کوشم. در آنروزها از یکسو پیامهای بیم آمیز بنام «کمیته» به من فرستاده می‌شد. از جمله روزی آقای میرزا علی اصغر سرتیپ زاده پیامی آورد و پاسخ گرفت. از یکسو نیز کسانی به میانجیگری می‌کوشیدند.

از جمله روزی نشستی در خانه حاج معین الرعایا خواستی بود. گفته بودیم ما پرسشهایی می‌داریم که آقا شیخ به آنها پاسخ دهد و ما نیز به همان گله گزاری بس کرده از در آشتی درآییم: از سوی ما چند تن برگزیده شدند که یکی من بودم. چنین نهادیم که در آن نشست جز دکتر که مردی سالمندتر و خود بردبار می‌بود سخن نگوید. بدینسان رفتیم. حاجی اسماعیل آقا امیرخیزی و حاجی محمد علی آقا بادامچی و آقا میرزا علی هیئت نیز می‌بودند. خود خیابانی دیر آمد و آنگاه به سخن نپرداخته خاموش نشست. حاجی محمد علی گفت: «آقا شیخ، چرا سخن نمی‌گویید؟!. همراهان آمده‌اند و پرسشهایی می‌دارند؟!» خیابانی گفت: «این همراهان دلهاشان صاف نیست. نخست دلهاشان صاف کنند و پس از آن من توانم پاسخی به پرسشهاشان دهم.» این را گفت و باز خاموش شد و همه خاموش شدند. دکتر که می‌بایست از سوی ما سخن گوید چیزی نگفت. راستش اینست که سهم[1] خیابانی همه را گرفته بود. من دیدم این به ریشخند کردن و دست انداختن مانند‌ه تر است تا نشست آشتی برپا گردانیدن. دیدم ما باید از این نشست برخیزیم بی‌آنکه پاسخی شنیده باشیم. باید با خواری بازگردیم. این بود خاموش نمانده گفتم: داستان روزنامه ملا نصرالدین شد. چند سال پیش که روسها در ایران می‌بودند چون می‌گفتند: «تا ایران امن نشود نخواهیم رفت» از آنسو خودشان همیشه نا ایمنی برپا می‌گردانیدند. ملا نصرالدین چنین پرسیده بود:

«روسها از ایران کی خواهند رفت؟!...» خودش پاسخ داده بود: «هنگامی که ایران امن شود.» سپس پرسیده بود: «ایران کی امن خواهد شد؟.»

---

[1] سهم = در اینجا «ترس و هراس».

باز خودش پاسخ داده بود: «هنگامیکه روسها بیرون روند.» آقا شیخ می‌گوید تا همراهان دلهاشان صاف نشود پاسخ نخواهم داد. همراهان هم دلهاشان کی صاف خواهد شد؟!. هنگامیکه آقا شیخ به ایرادهای آنان پاسخ دهد.

از این سخن من خیابانی برآشفت و با خشم چنین گفت: «من از مرتجع[1] چندان بدم نیاید که از جوان فضول.» من چون خشمناک می‌بودم خودداری نتوانسته پاسخ دادم: من هم از مرتجع چندان بدم نیاید که از شیخ متعدی.»[2] از این جمله‌ها نشست بهم خورد و ما دیگر ننشسته برخاستیم و این آخرین دیدار من و خیابانی بود.

من اینَک خستوانم[3] که بد کردم و این جمله آخری را گفتم. خیابانی هجده و هفده سال بزرگتر از من میبود و من را آن شایستی که در برابر جمله زننده او خاموشی گرایم. ولی جوانی و تندی سُهِشها،[4] رشته را از دست من گرفت.

[1] مرتجع = پس گرا.

[2] متعدی = متجاوز، شخصی که از حد خود می‌گذرد.

[3] خَستوان = معترف.

[4] سهش (بر وزن جهش) = احساس درونی.

خیزش خیابانی و آزارهایی که بمن رسید

پس از آن نشست امید آشتی از میان رفت. ما نیز پی کارهای خود را گرفتیم. می‌خواستیم با نیک و بد خیابانی و یارانش کاری نداشته خود به کوششهایی پردازیم. خیابانی آماده خیزش می‌شد و چون زمینه را آماده گردانید، روز سه شنبه هفدهم فروردین ۱۲۹۸ به آن برخاست.

خیزش خیابانی را با همه پیرامونش در جای دیگری نوشته‌ام و در اینجا به آن نمی‌پردازم. در اینجا آنچه باید بنویسیم آن است که همان روز که خیزش خیابانی رخ داد ما در کانون خودمان گرد آمده به سْکالش[۱] نشستیم و چون می‌دیدیم که اگر دسته ما برپا باشد در میانه برخورد رخ خواهد داد باهُماد[۲] را بهم زدیم و آگهی نوشته پراکندیم و خانه که اجاره کرده بودیم به دارنده‌اش سپردیم.

ولی خیابانی ما را فراموش نگردانیده به هریکی از دکتر و من و دیگران بازجویی گُماشت که همیشه در دنبالش باشد. آنگاه روز پنجشنبه مرا آگاهی رسید که روز شنبه کسانی از اوباش به عدلیه آمده در آنجا به آزارم خواهند برخاست. این آگاهی را رکن الملک به من فرستاد. از این رو روز شنبه من به عدلیه نرفتم و بهتردانستم زمانی در خانه نشینم. ولی اوباش به عدلیه رفته به خازن زاده آزار رسانیده و او را از اداره بیرون رانده بودند.

چند روزی در خانه نشستم و تنها یکبار به دیدن دکتر رفتم. برخی شبها کسانی از اوباش به در خانه آمده بیمهایی می‌دادند و می‌رفتند. باز کسانی از سرجنبانان[۳] ۳

---

[۱] سکالش (بر وزن گشایش) = مشورت.

[۲] باهماد = جمعیت.

[۳] سرجنبانان = افراد دارای ادعا و بی‌ارج در گروه.

دموکراتها که با من نیز دوستی میداشتند، پیامی از سوی کمیته آوردند. کمیته یادآوری می‌کرد که یکی از پیشگامان آزادیخواهان و از سران نیکنام دموکراسی بوده‌ام. ولی فریب «مرتجعین» را خورده و ارج خود را نشناخته بکارهای «خارج از دیسیپلین»[1] پرداخته‌ام. من بجای پاسخ به گفتگوهای دوستانه به آنان پرداخته پاسدارانه بازگردانیدم.

پس از چند روز میرزا علی آقا، خویشِ خازن زاده، ما را به فخر آباد که دیهی در دو فرسخی تبریز است برد، و چون طلیعه نیز می‌بود و چند تن از افسران قزاقخانه آمدند، یک هفته که در آنجا ماندیم بسیار خوش گذشت. روزی که از آنجا بازگشته بودیم دیدم کربلایی حسین آقا فشنگچی که هم مدیر روزنامه تبریز و هم نماینده ویژه وثوق الدوله (سر وزیر)[2] در تبریز می‌بود، کارتی بخانه ما داده و چنین نوشته: «آمدم، به دیه رفته بودید. با شما گفتگوی بسیار لازم دارم. بمحض مراجعت، با تلفن با من سخن رانید.» من بیرون آمده تلفونی پیدا کرده با او سخن راندم، گفت: «بیایید در بازار، پستو[3] دکان فلان سَقط فروش[4] آنجا منتظر شمایم.» من چون رفتم و در آنجا او را دیدم گفت: «میجر ادموند رئیس اداره سیاسی انگلیس از قزوین به تبریز آمده می‌خواهد شما را ببیند. همین اکنون بروید او را ببینید و چون بیرون آمدید باز بیایید تا با هم گفتگو کنیم.» چون پافشاری می‌نمود من از باز ار درآمده و برای آنکه بازجویان را از پشت سر خود دور گردانم به درشکه‌ای نشستم و به کنسولخانه انگلیس رفتم. درآنجا میجر ادموند و کپتن گرد (که او نیز از کارکنان سیاسی انگلیس می‌بود) مرا پذیرفتند و گفتگو آغاز گردید. دانسته شد داستان اینست که چون نیروی

---

[1] دیسپلین = نظم و انضباط.

[2] سر وزیر = نخست وزیر، رییس کابینه.

[3] پستو = اتاق تو در تو، انباری.

[4] سقط فروش = خرده فروش، فروشنده کالاهای پست.

سرخ بلشویکها[1] تا قفقاز پیش آمده و از آنسوی در گیلان میرزا کوچک خان با آنان همدست شده بود، انگلیسیان درباره خیابانی بدگمان شده‌اند که مباد آنکه این نیز درفش[2] بلشویکی افرازد، و چون خیابانی خواست خود را آشکار نمی‌گفت، میجر ادموند به تبریز آمده که حال اینجا را از نزدیک ببیند و بسنجد، و خواست او که از سخنانش فهمیدم این می‌بود که اگر تواند ما یا دسته دیگری را به زیان خیابانی برانگیزد و او را براندازد، و اگر چنان کاری نشدنیست[3] با خود خیابانی به گفتگو پردازد و با او پیمانی پدید آورد. این بود پس از آنکه شُوند[4] آمدن خود را به تبریز با زبان ساده‌ای باز نمود و چنین گفت: «من شنیده‌ام شما دارای دسته‌ای هستید که با خیابانی دشمنی می‌نمایید. می‌خواهم بپرسم: آیا شما توانید، اگر کمکی هم دولت کند، با خیابانی به نبرد برخیزید و او را براندازید؟.». گفتم: شما چون با زبان بسیار ساده پرسیدید من نیز با زبان بسیار ساده پاسخ می‌دهم. ما چنان کاری نتوانیم. زیرا نخست همراهان ما بیشتر شان بازاریند و تو انای زد و خورد و پیکار نمی‌باشند. دوم ما دسته خود را همانروز نخست خیزش خیابانی پراکندیم و سود ما در همان می‌بوده سوم چون خیابانی بنام آذربایجان برخاسته ما دوست نمی‌داریم در این خیزش با او به نبرد پردازیم.

با خشنودی این سخنان مرا شنید. سپس چیزهایی نیز من ازو پرسیدم و همه را پاسخ گفت: با خشنودی از هم جدا شدیم. از همانجا دوباره به سراغ کربلایی حسین آقا رفتم و چگونگی را گفتم. از گفته من ناخشنودی نموده گفت: «از رئیس الوزراء تلگراف رمزی به من رسیده که اگر شما بتوانید با خیابانی به نبرد برخیزید و جنبشی

---

[1] حکومت بلشویکی = رژیم کمونیستی شوروی سابق.

[2] درفش = بیرق، پرچم.

[3] نشدنی = غیر ممکن، محال.

[4] شُوند = دلیل، موجب.

از خود نمایید، دولت هر اندازه پول بخواهید به شما خواهد رسانید. آنگاه از بیرون دسته‌های سواره به یاری شما خواهد آمد.» گفتم: چنانکه به میجر ادموند گفته‌ام ما چنان کاری نتوانیم.

همان روز به دیدن دکتر رفته هر آنچه شنیده و گفته بودم به او آگاهی دادم. دکتر بسیار خشنود گردیده گفت: «گزندهایی را از ما دور گردانیده اید.» چنانکه در تاریخ هیجده ساله نوشته‌ام میجر ادموند پس از نومیدی از ما با خود خیابانی به سازش پرداخت و خواست خود را بکار بست. اما نماینده وثوق الدوله به یک نقشه بسیار خامی برخاست که زیان آن به ما نیز رسید. ما آنروزها ندانستیم. ولی سپس به داستان پی بردیم.

چگونگی آن بوده که آقای فشنگچی پس از من با آقا میرزا علی هیئت گفتگو کرده و با او چنین نهاده بوده‌اند که هیئت جنبشی در شهر به زیان خیابانی پدید آورد و عین الدوله که بنام والی آذربایجان آمده ولی خاموش می‌نشست به آنان پشتیبانی نماید، و چون محمد حسینخان سردار عشایر که از سران سواره‌های قره داغ بشمار می‌رفت همراه عین الدوله به شهر آمده بود، سواران او نیز به شهر بیایند و خیابانی و همراهانش را اگرچه با جنگ و خونریزی باشد از میان بردارند.

چنانکه گفتم ما از این نقشه ناآگاه می‌بودیم. ولی روزی دیدیم فرستاده هیئت آمد که سلطان زاده را کتک زده‌اند بیایید ببینیم چکار باید کرد. سلطان زاده از دسته ما می‌بود. ولی با هیئت همبستگی دیرین را نگه داشته مهر می‌ورزید. پیروان خیابانی او را در بازار به گیر آورده کتک زده بودند و هیئت از پیشآمد سود جسته و خواسته بود همانرا دستاویز گرداند و به نقشه خودشان پردازد و بسیار خشنود شده بود که به شوند سلطان زاده ما نیز پا در میان خواهیم داشت.

هرچه بود ما با دکتر بخانه هیئت رفتیم و در آنجا به گفتگو پرداخته چنین نهادیم که فردا همگی با هم به عالی قاپو رویم و پیشآمد را با سختی زندگانی خود گفتگو

کنیم و چون ما را در شهر ایمنی نیست در همان جا بست نشینیم و از دولت چاره خواهیم.

همان شب من چون از خانه هیئت بیرون آمدم از بیرون دو سه تن به پشت سرم افتادند و در میان راه در آنجا که رهگذری نمی‌بود خود را به من می‌رسانیدند و بیم می‌دادند و تپانچه‌های کمر خود را به من نشان می‌دادند.

چگونه از تبریز بیرون آمدم؟

فردا دوشنبه بیستم اردیبهشت در خانه هیئت گرد آمدیم ولی پنج تن بیشتر نبودیم. هیئت، دکتر، طلیعه، سلطان زاده، من. هیئت نتوانسته بود دسته‌ای پدید آورد. با این کمی روانه عالی قاپو شدیم. چنانکه در تاریخ هیجده ساله نوشته‌ام در عالی قاپو چیزیکه مایه امید باشد ندیدیم. این بود از رفتن پشیمان شده برخاستیم که باز گردیم. آن سه تن از در بزرگ که آمده بودیم بیرون رفتند. دکتر با من از در دیگری که به خانه دکتر می‌رفت روانه شدیم. در راه چند تنی دنبالمان کردند. ولی داستانی رخ نداد و ما به خانه دکتر رسیدیم و به ناهار خوردن نشستیم. در میان ناهار یکی از دوستان از در درآمده از گرفتار شدن آن سه تن آگاهی آورد.

خیابانی از سازش فشنگچی با هیئت و سردار عشایر آگاه می‌بوده و ما را همدست آنان می‌شمارده. این بوده همانکه ما به درون عالی قاپو رفته‌ایم، بازجویان بسیار گرد آنجا را فراگرفته‌اند، و چون آن سه تن بیرون آمده‌اند هر سه را دستگیر گردانیده‌اند، که همان روز هیئت را با طلیعه در درشکه نشانیده روانه تهران گردانیدند. ولی سلطانزاده را به شهربانی فرستاده بند کردند. نیز همان روز فشنگچی و سردار عشایر و کسان دیگر را دستگیر گردانیدند.

اما من در خانه دکتر ناهار خورده پس از بدرود با او روانه خانه خودمان شدم. آنروز کسی به سراغ من نیامد. هنگام شب یکدسته به در خانه آمدند. چون کسی از شهربانی همراهشان نمی‌بود نخواستم خودم را بدست آنان سپارم و از پشت بام بخانه همسایه رفتم که سپس بازگشتم.

فردا دانستم که دکتر و میرزا علی اکبر حریری را نیز گرفته و به شهربانی بُرده بندکرده‌اند. از اینرو از همراهان ما هرکه شناخته می‌بود گریخته یا رو نهان گردانیده.

- ۱۳۱ -

من نیز به آن شدم از شهر بیرون روم. عصرآنروز نهانی از خانه بیرون شده و با همسرم در درشکه‌ای سرپوشیده نشسته به کوی چوست دوزان رفتم. چند روز در آنجا در خانه‌های آشنایان مانده از آنجا به دیزه بخانه یکی از خویشان رفتم و از آنجا خود را به هکماوار بخانه حاجی عباس رسانیدم. چند شبی در آنجا می‌بودیم و با شادروان حاجی عباس با آسایش و خوشی روز می‌گذراندیم تا شبی رخت خود را دیگر گردانیده، همراه یکی از کشاورزان هکماوار خود را به «یانق» سه فرسخی تبریز رسانیدم. در آنجا یکشب ماندم که شادروان حاجی عباس رخت و پول برایم آورد. فردا از آنجا تنها راه افتاده شب را به «ممقان» و فردا از آنجا به «اجبشیر» و پس فردا به بناب رفتم. در همه جا آشنایان مهمانم می‌کردند و خوشیها رخ می‌داد. از بناب که بیرون آمدم با یک ملای شیخی همراه می‌بودیم که گفتگوی خود را با او در جای دیگری نوشته‌ام.[1]

دوشنبه دهم خرداد (۱۲ رمضان) به صاین قلعه (که اکنون شاهین دژ خوانده می‌شود) رسیدم و آنروز را در آنجا ماندم که بیاسایم. عصر آنروز به دیدن حاجی بیک (حاجی میرزا آقا بلوری که در تاریخ مشروطه نامش بارها برده شده) و اکنون حکمران افشار می‌بود رفتم. این حاجی بیک که یکی از پیشگامان مشروطه می‌بود پس از جنگ با روسیان به استانبول رفته در درآمدن نخست عثمانیان همپای ایشان به تبریز آمده بود و این نام «حاجی بیک» از استانبول به روی او مانده بود. در تبریز میانه او که سردسته مجاهدان می‌بود با دموکراتها کشاکشها رفته بود. من بدگمان می‌بودم که خود او یا «نایب الحکومه»اش در تکان تپه به آزار من برخیزد. این بود بهتر دانستم خود او را ببینم. رفتم، در اندرون می‌بود. کارت دادم بیرون آمد. پس از سخنانی گفت: «گویا شما از آزادی خواهانید که از تبریز بیرون آمده اید». گفتم: از کجا می‌گویید؟ ... گفت: «شما که به کربلا نمی‌روید. اینجا هم که راه راست تهران

---

[1] کتاب بهاییگری.

نیست....» گفتم: همانست که دانسته اید. گفت: «اگر چنان است شما باید میهمان من باشید و به هیچ جا نروید تا کارهای تبریز بسامان[1] شود و با هم به آنجا بازگردیم.» پس از گفتگوی بسیار چنین نهادیم که دو روز میهمان ایشان باشم و روانه گردم. ولی از فردای آنروز تب نوبه[2] بسیار سختی گریبان مرا گرفت که ناچار شدم و یکماه و نیم در آنجا ماندم. آشنایی من با آقای بلوری از همان جا آغاز یافته. پذیراییها و نوازشهای او در آن یکماه و نیم خود داستان جدایی می‌دارد.

پس از یکماه و نیم چون تب رهایم نمی‌کرد و در آنجا پزشکی نمی‌بود، از حاجی بیک خواهش کردم مرا به تهران روانه گرداند. در آن چندگاه با امیر مکرم افشار که به صاین قلعه آمده بود دوستی پیدا کرده بودم. چنین نهادیم کسان او مرا به زنجان رسانند. سواره هایش به صاین قلعه آمدند و شبانه به حاجی بیک بدرود گفته روانه شدیم.

در راه با همه ناتوانی خوش می‌بودم. از راه کاروان کناره گرفته و از دیه هایی که پاکیزه تر و مردمانش بسیار مهربان می‌بودند راه می‌پیمودیم. در همه جا نوازشهای بسیار می‌کردند. با این روش به تکان تپه رسیده فردا از آنجا به «قرخلو» که خانه امیر مکرم می‌بود رسیدیم. زندگانی بسیار نیک و پاکیزه‌ای می‌داشتند. یکهفته در آن دیه‌ها میهمان امیر مکرم و پسر عموهایش می‌بودم و چون تب نیز بریده بود بسیار خوش می‌گذشت.

پس از یکهفته با سوارانی راه زنجان را پیش گرفته روانه شدیم. چون تب باز می‌گرفت حال بدی می‌داشتم و نمی‌دانم چند شب در راه می‌بودیم که به زنجان رسیدیم.

---

[1] بسامان = منظم.

[2] تب نوبه = تبی که پیاپی در زمانهای مختلف شخصی را مبتلا گرداند.

در زنجان به یک کاروان بزرگی برخوردم. عین الدوله و خانواده ولیعهد و کارمندان تهرانی اداره‌های تبریز از آن شهر بیرون آمده کاروان بزرگی بسته رو به تهران می‌رفتند. من نیز درشکه‌ای گرفته با آنان روانه شدم. همراه من جوانی بنام غلامعلیخان می‌بود. با این جوان دوست شدیم و در راه آسوده و خوش می‌بودیم.

نخست بار که بتهران رسیدم

نمی‌دانم چند روز در راه می‌بودیم. چون به تهران رسیدیم من نام میهمانخانه‌ای را یاد گرفته بودم که به آنجا روم. غلامعلیخان نگذاشت و آنشب بخانه ایشان رفتم. پدر و برادرانش بسیار نواختند.[1] آقای علی معتمدی (دستیار پیش نخست وزیری) از خویشان ایشان می‌بوده. شب به دیدن غلامعلیخان آمد و با هم دوستی پیدا کردیم. شب نخست من در تهران بسیار خوش گذشت.

فردای آنروز به خیابان رفته با آقایان هیئت و طلیعه و سلطان زاده دچار آمدم، سلطانزاده را که با دکتر و حریری به سقز فرستاده بوده‌اند، او خود به تهران آمده بود. دانسته شد من چون از صاین قلعه راه افتاده‌ام تلگرافچی آنجا که از هواداران خیابانی می‌بوده چنین گزارش داده. «فلانکس که از تبریز تبعیدش کرده بودند به صاین قلعه آمد. از اینجا نیز تبعیدش کردند»، و روزنامه ایران این گزارش را زیر عنوان «تبعید تبعید شده» بچاپ رسانیده و این جمله به زبانها افتاده. آنان که مرا دیدند آواز بر آوردند «او تبعید تبعید شده» دیگر مرا رها نکردند و از همانجا رفتیم به شمیران خانه هیئت. دو روز میهمان ایشان می‌بودیم. دانسته شد شصت تن بیشتر از تبریز گریخته یا بیرون آمده در تهران می‌باشند. بسیاری از ایشان به دیدن من آمدند.

دو روز دیگر طلیعه و سلطان زاده و من به تهران آمده نشیمن برای خود بر پا گردانیدیم. در اینجا تب با سختی بیشتر بازگشت که مرا بسیار می‌آزرد. ولی پروا نکرده همانکه از رختخواب برمی خاستم پی کار می‌رفتم.

در اینجا نخست کوشیدم کاری برای خود پیدا کنم و بهتر دانستم از وزارت فرهنگ کار خواهم. روزی به آنجا رفتم. آقا علی اصغر حکمت رییس کارگزینی

---

[1] نواختن = نوازش کردن، تحسین کردن.

می‌بود و از دانسته‌های من می‌پرسید و چون مرا با عمامه و عبا می‌دید نمی‌توانست باور کند که انگلیسی می‌دانم، گفت: «حاضرید کسی شما را امتحان کند؟ ...» گفتم: «نخست آنکس را امتحان می‌کنم و سپس امتحان می‌دهم،» گفت: «چطور؟...»، گفتم: «در دیکسیونرهای[1] انگلیسی ۴۵۰۰۰۰ کلمه هست که یک انگلیسی دان بیش از ده هزار آنها را نخواهد دانست و نباید بداند. اکنون کسیکه بخواهد مرا بیازماید چه بسا از آن کلمه‌های دیکسیونریها برگزیند و بخواهد مرا درمانده وا نماید. این است بهتر است من پیش افتم و او را درمانده وانمایم.» گفت: «همین خود آزمایش است که شما انگلیسی می‌دانید». سپس کمی هم با انگلیسی با هم سخن گفتیم.

از وزارت فرهنگ مرا پذیرفتند و چون خواستار درس گفتن می‌بودم به دبیرستان «ثروت» فرستادندکه درس عربی گویم. بدینسان از رهگذر کار دل آسوده گردیدم. یکبار هم به وزارت عدلیه رفته سرگذشت خود را آگاهی دادم.

در آن میان کوچندگان آذربایجان به کوششهایی به زیان خیابانی برخاسته بودند و پیشگامان ایشان بصیرالسلطنه و هیئت می‌بودند. من بهتر دانستم خود را کنار گیرم. زیرا بیشتر آنان مردان بد نامی بودند. بصیرالسطنه را که من در تهران آشنا شدم مردی کاردان و استواری دیدم. ولی در تبریز بد نام می‌بود و از دشمنان آزادی بشمار می‌رفت. آنگاه کسانی همچون ضیاء السلطان و برادرش بهاء السلطان به میان افتاده سرجنبانی می‌کردند. این شاهزادگان در تبریز خود را به میان دموکراتها انداخته بودند. ولی سپس راز درونشان آشکار گردید و بیرون رانده شدند و این هنگام فرصت یافته کینه می‌جستند، گذشته از اینها من دوست نداشتم با یک جنبشی از آذربایجان بدخواهی نشان دهم.

در همان روزها نوبری از همدان به تهران رسید. با او نیز نشستها می‌رفت. یک روز در خانه بهاء الملک ناهار شاهانه خوردیم. روزی نیز آقای رهنما همه ما را به

---

[1] دیکسیونر = فرهنگ لغت، دیکشنری.

شمیران خواند. در آن میان روزی نوبری با من گفت: شما می‌خواهید چه کنید؟ ... گفتم من دوست نمی‌دارم به زیان خیابانی باشم. گفت: «من نیز در همان اندیشه‌ام. خیابانی هم با من و هم با شما بدی کرده، ولی ما باید در اندیشه آذربایجان باشیم. این جنبش بنام آذربایجانست.» در همان روزها نوبری نامه‌ای به حاجی محمد علی بادامچی که بجای وزیر خیابانی می‌بود فرستاده نوشته بود: «من در تهران پشتیبانی از شما می‌کنم. ولی برخی از کارهای شما عنوان بدست مردم داده. آقا میراحمد را چرا تبعید کرده اید؟!...» بادامچی به این نامه پاسخ داده نوشته بود: «آقا سید احمد خودش بد کرد. آقا شیخ ازو بسیار رنجیده. با اینحال ما او را از دشمنان خود نمی‌شماریم.» بدینسان ما به کوششی بسود خیابانی برخاستیم و در این کوشش آقای بهرامی نیز که این زمان در تهران می‌بود، دست می‌داشت. در آن میان شنیده شد مخبرالسلطنه والی آذربایجان گردیده می‌خواهد برود به تبریز. روزی هم بصیرالسلطنه مرا دید و گفت: مخبرالسلطنه می‌خواهد شما را ببیند، و مرا با خود بنزد او برد. مخبرالسلطنه به سخنانی پرداخت در این زمینه که من شنیده‌ام شما در میان دموکراتها نام نیکی داشته‌اید. من می‌روم شما هم باید بیایید. اگر با من هم بیایید همراه میبرم. نخواستم پاسخ دیگر دهم و گفتم: «با شما که نتوانم آمد و سپس هم چه شود.» پس از دو هفته آگاهی از فرونشستن خیزش و کشته شدن خیابانی رسید. کوچندگان و دیگران به شادمانیهایی برخاستند، و از گفتن بی‌نیاز است که من خود را به کنار گرفتم. از سوی دولت به همه آگاهی داده شد که به تبریز بازگردید و برای کسانی دررفت[1] سفر داده شد. و من چون نمی‌خواستم بروم پول را نیز نگرفتم. دیگران رفتند و من در تهران تنها ماندم. تنها کاریکه من درآنهنگام کردم این بود که به خازن‌زاده و دیگر همراهان که در تبریز می‌بودند نامه‌ها نوشتم در این زمینه که در

---

[1] دررفت = هزینه، خرج.

این پیشامد ما باید فرصت را از دست نداده به یاران خیابانی که گرفتارند یاوری و مهربانی دریغ نگوییم و این نتیجه خواهد داد که دشمنی از میانه ما و آنان برخیزد.

باز گفتگو با بهاییان

در تهران که می‌بودم از یکسو با دسته اسپرانتیست‌ها درآمیختم و از یکسو با بهاییان آشنایی پیدا کردم. با اسپرانتیست‌ها داستان این بود: آنسالی که به مشهد رفته بودم آرزو کردم به سر گور نادرشاه روم. چون رفتم بسیار افسوس خوردم که دیدم آنجا را جایگاه شتر خوابانیدن و زبیل[1] ریختن گردانی ده‌اند، بلکه ناپاسداری بدتر از آنها می‌کنند. و چون به در دررسیدم مردی آفتابه در دست از آنجا بیرون می‌آمد. این داستان به من گران افتاد. درمشهد گفتاری نوشتم و به روزنامه چمن فرستادم که نمی‌دانم چاپ کرد یا نه. یکسال پس از آن در تبریز گفتاری دیگری در روزنامه تجدد نوشتم. بهمن میرزای شیدانی که از کارکنان روزنامه رعد و خود نماینده انجمن بزرگ اسپرانتیست‌ها می‌بود، آنرا خوانده بوده. از اینرو هنگامی که در مجلس شوری گفتگو از گور نادر به میان آمد و قانونی درباره پاک و آباد گردانیدن آن گذشت، شاهزاده نامه‌ای به من نوشته مژده داده بود. از آنجا آشنایی با هم یافتیم که گاهی نامه‌ها بهم فرستادیمی. در تهران او روزی به من گفت: «من دلم می‌خواهد شما اسپرا نتو را درس بخوانید و اسپرانتیست شوید». گفتم: من اسپرانتو را می‌دانم. گفت: «از که خوانده‌اید؟ ...» گفتم: خودم خوانده‌ام. بسیار خشنود گردید و مرا به نشستهای خودشان خواند که من می‌رفتم. روزی نیز میهمانی باشکوهی بنام من داد و از کسانیکه آنروز در آنجا دیدم مستر مور انگلیسی خبر نگار روزنامه تایمز بود که در تاریخ مشروطه یادش کرده‌ام.

اما بهاییان، روزی در بازار جلو دکانی ایستاده چیزهایی می‌خریدم. درویشی آمده قصیده در ستایش «امام زمان» می‌خواند و پول می‌گرفت. چون از من نیز خواست ندادم و نکوهش کردم. پیرمردی که در دکان نشسته بود دیدم بجای آنکه بدش آید

---

[1] زبیل = زباله، آشغال.

خوشش آمد. دانسته شد بهاییست و خود نوۀ برادر حاجی میرزا جانی کاشانیست. چون دید من درباره خانواده‌اش پرسشها می‌کنم پنداشت بهاییم. گفتم: بهایی نیستم ولی تاریخ باب و بها را خوانده‌ام و دوست می‌دارم نیک بدانم. پافشاری کرد که شب یکشنبه ما میهمانی داریم، شما نیز بیایید، و نشانی داد. شب یکشنبه که رفتم دانسته شد خانه برادرزادۀ او میرزا جلال خانست. خانه با شکوهی می‌بود. میهمانان که می‌بودند دانسته شد دو تن از ایشان مبلغند: یکی حاجی میرزا عبدالحسین آواره، دیگری سید شهاب فارانی. پس از خوردن شام دیگران رفتند. ولی میزبان که جوان بسیار مهربانی می‌بود مرا نگذاشته گفت: «این آقایان اینجا می‌مانند، شما نیز بمانید و صحبت کنید.»

چون نشستیم آواره به سخن پرداخت و چنین می‌خواست که من پاسخ دهم، در میانه گفتگو رود. ولی من می‌دانستم از گفتگو سودی نخواهد بود و خاموشی می‌گزیدم. چون پیاپی می‌پرسیدند: «چرا به سخن در نمی‌آیید؟» گفتم: شنیده‌ام عبد البهاء گفته: «هرکه از ماست از ماست، و هرکه بر ما نیست از ماست.» شما مرا از آن «بر ما نیست» ها شمارید. من بهایی نیستم و نخواهم بود، ولی با بهاییان نیز دشمنی نمی‌دارم و نخواهم داشت. از این گذشته امشب را من بنام میهمانی آمده‌ام. چون در اینجا دانستم که هر شب یکشنبه این نشست هست، یکشنبه دیگر را نیز خواهم آمد که اگر خواستید با شما گفتگو کنم. با این سخن جلوشان را گرفتم. سپس سخن از تاریخ به میان آمد. آواره گفت: من به نوشتن تاریخ «امر مبارک» پرداختم. یکرشته از نوشته‌های خود را به زبان آورد. معجزه‌های بسیار از بهاییان یاد می‌کرد. گفتم: آقای آواره؛ تاریخ، امروز از دانشها بشمار است.[1] آنرا نباید با «خرافات مذهبی» در هم

[1] بشمار است = شمرده می‌شود.

آمیخت. اینها که شما می‌گویید راست نیست. از این سخن بدش آمد و به چُخِش[1] پرداخت.

آنشب گذشت و میرزا جلال خان دوباره خواهش کرد که یکشنبه دیگر نیز بروم. شب یکشنبه دیگر که رفتم باز آیتی و سید شهاب می‌بودند. شام خوردیم و به گفتگو نشستیم. من گفتم: بهتر است گفتگو را از راهش کنیم و در یک زمینه سخن رانیم. بهتر است در این زمینه سخن رانیم که نشانه راستگویی یک برخاسته چیست و من این پرسش را از شما می‌کنم.

آواره گفت: «بسیار خوبست،» و آنگاه به سخن درازی پرداخت در این زمینه که نشانه راستگویی یک برخاسته چهار چیز است: ۱ ادعا ۲ شریعت گزاری ۳ پایداری (استقامت) ۴ هُناییدن سخن (نفوذ). گفت: این چهار چیز چون در کسی گرد آمد ما باید او را راستگو شناسیم.

گفتم: اینها را در کتاب میرزا ابوالفضل خوانده‌ام. اینها دلیل نتواند بود. من از یکایک آنان به گفتگو می‌پردازم: «ادعا» را هر کسی تواند کرد. «شریعت گذاری» نیز همان حال را می‌دارد و هر کسی تواند شریعتی از نیک و بد بگزارد. «پایداری» هم به تنهایی دلیل نتواند بود. زیرا گاهی دیده شده که کسان فریبکار پایداری نشان داده‌اند. من در تاریخ عثمانی خوانده‌ام در زمان سلطان مراد چهارم مردی خود را مهدی می‌خواند و پیروانی می‌داشت. سلطان مراد سپاه به جنگ او فرستاد که رفتند و پس از خونریزی او را شکستند و چون او را گرفتند و آوردند و سلطان مراد دستور داد زنده زنده پوستش بکنند او شکیبایی شگفتی از خود نشان می‌داد و در حال پوست کندن به جلاد پندها می‌داد.

آنگاه اگر پایداری شرط راستگوییست پس باب دروغگو می‌بوده. زیرا همه می‌دانیم که پایداری ننمود و بارها پشیمانی نشان داد.

---

[1] چخش (بروزن جهش) = مجادله.

آمدیم بر سر «نفوذ یا هنایش سخن»: راستست که ما چون دیدیم گروهی به یک برخاسته گرویده‌اند در پیش خود خواهیم گفت: «اگر گفته هایش راست نبودی اینان به او نگرویدندی.» ولی این در جاییست که بدانیم انگیزه دیگری درمیان نبوده. درباره باب ما نیک می‌دانیم که آن تکان مردم نتیجه باوری بوده که به امام زمان داشته و چشم براه پیدایش او می‌دوخته‌اند. وگرنه سید باب سخنانی نگفته که به مردم تکانی دهد.

آنگاه «نفوذ» دلیلی نا روشنست. من از شما می‌پرسم: اگر چند تن به یک برخاسته بگروند نفوذ شمرده خواهد شد؟! آیا صد تن بسست؟! هزار تن بسست؟! آنگاه در چند زمان؟! در ده سال، در صد سال؟!

پس از همه اینها: «نفوذ» چیزیست که سپس دانسته خواهد شد. یک برخاسته در روز نخست چه دلیل می‌دارد؟ کسی برخاسته دعوی فرستادگی می‌کند و مردم نمی‌دانند که آیا «نفوذ» پیدا خواهد کرد یا نه؟. چه کنند؟. آیا بایستند تا ببینند چه خواهد بود؟.

آنگاه باب و بها هشتاد سالست برخاسته‌اند و امروز شما شماره تان بیش از چند هزار نیست. اگر شما اینرا «نفوذ» می‌شمارید پس غلام احمد قادیانی نیز که در هند برخاسته راستگو بوده. زیرا او نیز دعوی کرده و شریعتی گزارده و پایداری نموده و پیروانش بیشتر از شماست.

من از همه اینها می‌گذرم. چنین انگا ریم که کسی برخاست و دعوی پیغمبری کرد و شریعتی گذاشت و پایداری نشان داد و گروهی به او گرویدند ولی ما چون نزدیک رفتیم و سخنان او را شنیدیم دیدیم سخنان پوچی است: «بسم الله الفرید الفرادذی الافراد ...» آیا باز توانیم او را پذیرفت؟...!

اینها را که میگفتم در میانه، سخن مرا میبریدند و گاهی آواره و گاهی شهاب به گفته هایی می‌پرداختند. ولی من رشته گم نکرده باز دنباله آنرا می‌گرفتم، و چون

پایان پذیرفت، باز به سخنان پرتی پرداختند و چنین پرسیدند: «پس شما خودتان نشان راستگویی را چه می‌دانید؟..» گفتم: من نوشته‌های میرزا ابوالفضل را خوانده‌ام. ایرادهایی که به مسلمانان درباره معجزه گرفته و از قرآن دلیلها آورده راستست. ولی آنچه خود او درباره نشان‌های راستگویی نوشته (که این چهار چیز باشد) پذیرفتنی نیست. ولی من هنوز درآن باره چیزی نمی‌دانم. شما که مرا «دعوت» می‌کنید باید بگویید با چه چیز راستگویی نقطه اولی[1] و جمال مبارک[2] را بدانم. گفتند: «ما که می‌گوییم نمی‌پذیرید». گفتم: نپذیرفتنی است که نمی‌پذیرم.

آنشب نیز بدینسان گذشت. یکشب دیگر میرزا جواد جورابچی که تبریزی و آشنا می‌بود مرا میهمان خواند، و چون رفتم آواره نیز آمد و من در آنجا دانستم که میزبان بهاییست. در آنجا دیگر من سخنی نگفتم و آواره نیزدم درکشیده به «تبلیغ» نپرداخت.

در تهران بدینسان روز می‌گزاردم و برآن می‌بودم که خانواده‌ام را نیز به تهران بخواهم و در اینجا بمانم. یکبار از عدلیه «ابلاغ» آوردند که مرا «رئیس عدلیه اردبیل» گردانیده‌اند نپذیرفتم. لیکن در آن میان زمستان رسیده بود و من می‌دیدم نخواهم توانست پیش از بهار خانواده‌ام را بیاورم و برای بهار نیز پول بسیاری خواهد خواست که من نمی‌دارم. این اندیشه مرا ناآسوده می‌داشت. در همانروزها روزی دیدم کسی آمد و مرا پیدا کرد و گفت: «مشاور اعظم رییس کابینه عدلیه خواهش کرده سر شب بخانه او رویم. می‌خواهد شما را ببیند.» سر شب با او رفتیم. مشاور اعظم به سخن پرداخته گفت: «آقاجان، شما چرا از عدلیه گریزانید؟!. من شنیده‌ام شما جوان فاضلی هستید چرا باید عدلیه را رها کنید؟!.» گفتم: در تبریز م را به عدلیه خواندند و رفتم، دانسته شد مرا «عضو بدایت» کرده‌اند. چون رفته بودم نخواستم

---

[1] نقطه اولی = منظور «سید محمد علی باب» است.

[2] جمال مبارک = منظور «میرزا حسینعلی بها» میباشد.

بزودی بیرون آیم. ولی آن کار را نپسندید م. گفت: «اگر علت این باشد چاره‌اش آسانست. ما شما را یکمرتبه بالا برده عضو استیناف تبریز می‌گردانیم که به آنجا بازگردید.» این سخنان ر فت و ما برخاستیم و دو روز نگذشت که «ابلاغ عضویت استیناف» برایم آوردند، و من چون خود را ناچار می‌دیدم که به تبریز بازگردم آن را پذیرفتم.

پایان

واژه‌های نوی که در این دفتر بکار رفته

آخشیج = ضد، نقیض

آزمایش = امتحان

آغالانیدن = تحریک کردن، شورانیدن

آمیغ = حقیقت

آهنگ = قصد و اراده

انگار = فرض

انگاریدن = فرض کردن

انگیزش = تحریک

انگیزیدن = انگیختن، باعث شدن

باری = لااقل، اقلا

بازنمودن = بیان کردن

باشندگان = حاضران، موجودات

باشنده = حاضر، موجود

باهُماد = جمعیت، حزب

بایا، باینده = وظیفه، واجب

بدگواری = سوء هاضمه

بدنهاد = بد سرشت، نانجیب

بدیده گرفتن = در نظر گرفتن

بسامان = منظم

بسیج = تدارک

بسیجیدن = تدارک دیدن

بندواژه = حرف

بی‌یکسو = بیطرف

بی‌یکسویی = بیطرفی

بیکبار؛ بیکباره = بکلی، یکدفعه، بناگاه

بیوسان = منتظر

بیوسیدن = منتظر بودن

پروا = توجه، اعتنا

جداسری = استقلال

جُستار = مبحث

چُخِش = مجادله

چخیدن = مجادله کردن

چیره = غالب

چیستان = معما

خامه = قلم

خُرده = عیب، ایراد

خَستوان؛ خَستو = معترف، مقر

خَستویدن = اعتراف کردن

خواها = خواستن همیشگی

خودکامگی = استبداد

درآمدن = وارد شدن

دُرچیده = مرتب

دررفت = هزینه، خرج
درزمان = فورا، بلافاصله
دریافتن = درک کردن
دریغ = مضایقه
دریوزه = گدایی
دُژخوی = دارای خویهای بد
دُژرفتار = دارای رفتار بد
دست یازیدن = دست دراز کردن
دستاویز = بهانه
دو سخنی = اختلاف
دیه = ده، روستا
راه نمودن = راهنمایی کردن
رده = صف، ردیف
رویه = ظاهر، صورت
رویه کاری = ظاهرسازی
زینهار = امان، پناه
سات = صفحه
سامان = نظم
سُترسا = محسوس
سترگ = دارای تنه و کالبد بزرگ
سر وزیر = نخست وزیر
سزا؛ سزنده = جایز، حق کسی
سْکالش = شور، مشورت
سْکالیدن = مشورت کردن
سُهانیدن = برانگیختن احساسات درونی
سُهِش = احساس درونی
سُهنده = برانگیزاننده احساسات
سُهیدن = احساس کردن
شایا؛ شاینده = شایسته، لایق
شاید = شایسته است، لیاقت دارد
شَکیبیدن = صبر کردن
شُوند = موجب، سبب، علت
کارواژه = فعل
کان = معدن
کناره جویی = استعفا
گام زدن = قدم زدن
گرد فرا گرفتن = محاصره کردن
گزیریدن = تصمیم گرفتن
گُهر = اصل
میانجی = شفیع، واسطه
میانجیگری = وساطت، شفاعت
نابیوسان = غیرمنتظره
نشدنی = غیرممکن، محال
نمودن = نشان دادن
نیک نهاد = دارای سرشت نیک، نجیب
هِشتن = رها کردن، گذاشتن

هِلیدن = هشتن، فروگذاشتن
همباز؛ هنباز = شریک
همچشمی = رقابت
همداستان = موافق
هُنایا؛ هُناینده = مؤثر
هُنایش = اثر
هُناییدن = اثر کردن
هوده = نتیجه

My Life
[zendegani-ye man]

by
Ahmad Kasravi

Ibex Publishers,
Bethesda, Maryland